8 KEYS TO ELIMINATING PASSIVE-AGGRESSIVENESS

# 你不爽為什麼不明說？

## 腹黑、酸言、擺爛，好人面具下的「被動式攻擊」

安卓雅．布蘭特 博士（Andrea Brandt）──著
祁怡瑋── 譯

獻給我過去和現在的個案，你們的勇氣、成長與蛻變啓發了我，

獻給我的夫婿JP——你的愛、鼓勵與支持，使一切成為可能。

# 目錄

## 3 傾聽身體的訊息 105

# 練習索引

【代序】

# 無所不在的「被動式攻擊」

「喔，他是被動式攻擊的高手，超會擺爛的！」當別人的言行舉止令我們惱怒時，我們常會粗略地用「被動式攻擊」一詞來形容對方。確切來說，被動式攻擊的行爲不只一種，從無聲的抗議到充滿敵意的挑釁不一而足。基於不明的原因，對多數人而言，在人類所有的特徵與行爲中，被動式攻擊都是最棘手的一個。我們每天都暴露在某種程度的被動式攻擊之下，它滲透進公私領域各種不同類型與程度的人際關係和人際溝通中。無論它是我們自身的特質，還是周遭人的標誌，多數人對它都不陌生。在某些家庭裡，它可能是一項傳統；在某些組織中，它可能是一種行規；在某些環境下，它甚至可能是常態，而不是例外，並對最基本的互動與關係造成破壞。它可能成爲某個人根深柢固的行事作風，不是因爲這個人故意要難相處或難捉摸，而是因爲很多人學到他們能用這種方式滿足自身需求（在某些情況下，甚至就是得用這種方式才能達到目的）。被動式攻擊實在是很棘手又複雜的一種心理機制。

幸好，安卓雅·布蘭特接下了處理此一課題的挑戰。一開始，我之所以找她爲「心理健康八把金鑰系列」寫一本書，是因爲我知道她在憤怒管理領域的響亮名聲。她是一位炙手可熱的專家，上過無數談話性節目。她有數十年的實務經驗，致力於教導大眾認識自己的憤怒，並學會更有效的表達方式。她不論斷被動式攻擊的人。她指出憤怒本身是一種不見容於社會的禁忌，被動式攻擊則是源自於這種禁忌的文化困境。無論是在家庭裡、職場上、還是在我們的朋友圈，由於憤怒普遍不被接受，相對於直接表達，拐彎抹角就成了許多人更爲熟悉的策略。

很多人都會譴責把被動式攻擊當成溝通方式的人，布蘭特則以同理心看待他們左右爲難的處境。她攬住他們的肩膀，讓他們知道要如何更有效地說出自己的想法、滿足自己的需求。布蘭特先以讀者會覺得很熟悉的情境舉例，有技巧地指出被動式攻擊的特徵，並賦予被動式攻擊清楚的定義，接著再提出八把改變的金鑰（第一至第八章），將被動式攻擊化爲有效的溝通與堅定的自信。透過引人入勝、一目了然的案例，輔以培養洞察力與傳授實用技巧的練習，你將學會如何用清楚明白的溝通和有效的自我表達取代被動式攻擊的習慣。被動式攻擊者身邊的親朋好友與同事也能得到幫助，學會因應令人既沮喪又惱怒的情況。在這本書中，布蘭特將身／心、正念、界線、情緒和思緒等最爲密切相關的點連成線，提出一套全面改變被動式攻擊模式的辦法。每讀一頁，我都覺得更能同理及善待我自己、乃至其他人的被動式攻擊模式，同時又爲自己補充處理人際互動棘手狀況的工具。

讀者們會發現，《你不爽，爲什麼不明說？：腹黑、酸言、擺爛，好人面具下的「被動式攻擊」》是一本引人入勝、深入淺出、富有啓發又撫慰人心的好書。它專爲有被動式攻擊傾向的人而寫，但不只對他們有幫助，也對他們周遭的人有助益。此書的寫作風格平易近人又令人著迷，對「心理健康八把金鑰系列」而言猶如錦上添花。我覺得自己受到照顧、理解、啓發與幫助，相信你也會有一樣的感覺！

書系主編　芭貝特・羅斯柴爾德（Babette Rothschild）

【前言】

# 表面上說沒事，其實心裡很有事

下班後，開車回家途中，莎拉興奮地想著她和老公湯姆的週末計畫。他們打算開車到山上，悠閒地過兩天山居生活。除了放鬆一下，也希望能浪漫一下。前幾個星期，莎拉爲了趕進度加班加得很累，她眞的很期待跟湯姆去度個假。

一進家門，她就發現湯姆留下的一張字條，上面寫著：「我在吉姆家，晚點回來。」莎拉一邊等湯姆回家，一邊開始打包行李。時間一分一秒過去，莎拉越來越生氣。他們說好要在晚上八點之前出發，這樣星期六一早就能在度假村醒來，迎接整個週末假期。

最後，晚上十一點左右，湯姆若無其事、悠哉遊哉地回到家裡。剛結婚時，如果碰到諸如此類的狀況，莎拉會直接跟他當面對質，但她已經學乖了。她要是發脾氣，老公只會拂袖而去。她盡可能冷靜地提醒他這週末的計畫，而他只是聳聳肩說：「我突然有事要做。如果你眞的想去的話，我們可以明天一早再出發。」

對莎拉而言，他這話猶如一記耳光。她想起自己加班晚歸時也用過一樣的說詞，不禁懷疑湯姆是不是故意用這種方式激她。她壓下怒火，吞下被刺傷的感覺，說道：「喔，如果你眞有這麼重要的事情要處理，我也不想妨礙你。你要是沒時間，我們可以取消計畫。」

現在，我們從湯姆的角度來看這件事。

湯姆比莎拉早回家——不都是這樣嗎？她的工作比他的工作重要多了，她賺的比他多出一大截。湯姆堅稱他不在乎這種落差，但莎拉老是不在家，他心裡難免不是滋味。這五、六個星期以來，他難得見她一面。現在，她終於有一個週末可以陪他，她卻想由她買單，跑去什麼華而不實的度假村。湯姆壓根不想去，但又不想拒絕她，畢竟是她要買單。

等她回家時，他在家裡東看看、西看看，想找點事來做，結果看到幾件應該要還給鄰居的工具。他留下一張簡短的字條就去找鄰居了。吉姆請他喝啤酒，他們聊了起來，接著電視上播起籃球賽，湯姆就忘了時間。

回到家後，他發現時間很晚了，莎拉一臉不悅——就跟他老媽一樣。他不明白這有什麼大不了的，她自己也常常晚上不在家啊。這樣他們還能省下一晚的住宿費呢！她有什麼好不高興的？

表面上，莎拉和湯姆看起來既文明又講理，但內心裡，雙方顯然懷著強烈的敵意。湯姆的行爲具有被動式攻擊的特徵：

- 莎拉的工作剝奪了兩人相處的時光，他藏起自己對這件事的憤怒，甚至可能不知道自己很生氣。
- 他沒告訴莎拉他對度假計畫的觀感；他不想拒絕她。
- 或許不是故意的，他用晚上不在家的手段破壞了計畫。
- 他察覺到莎拉不高興，但他不明白她有什麼好不高興的。

莎拉還以顏色，爲他倆的僵局火上加油。她知道自己很生氣，但她小心不要流露出來。而當晚歸的湯姆一副滿不在乎的態度，她不確定他心裡在想些什麼。她沒有暴露出自己內心受傷的感受，轉而選擇了被動式攻擊的行事風格。她說：「算了，反正根本沒必要去度這個假。」

事實上，每個人不時都會以被動式攻擊的方式作爲回應。我們嘴巴上說好，心裡其實覺得不好。因爲憤怒在我們的文化中是一種令人避之唯恐不及的情緒，所以當我們感覺怒火中燒時都會有點不知如何是好。爲了避免衝突，我們幾乎什麼都願意做，就是不願意暴露內心的感受。對憤怒置之不理，它並不會自動走開，而我們卻不明白或不承認這點。憤怒是一股需要抒發出來的能量，被動式攻擊行爲則是一種破壞的手段，讓我們既可以抒發憤怒，又似乎不必承擔後果。隱而不宣的敵意一樣能刺傷我們要對付的人，但我們的言行舉止無可挑剔。我們相信自己的無辜，相信自己什麼也沒做錯。

然而，許多人偶一爲之的迂迴溝通法，對某些人而言卻是發展到極致的生存策略。本書針對的就是這些人，以及和他們共同生活、一起工作的旁人。無論你是自己有被動式攻擊的毛病，還是在你的人際圈中有這樣的人，我的目標是幫助你認識這種充滿挑戰的行爲模式，讓你的人生不再受到它的牽制。要想做出更明智的選擇，認清它如何發揮作用就已成功一半。

在這篇前言當中，我們將探討更多被動式攻擊的細節和來源。我會在接下來的八個章節中，幫助有被動式攻擊傾向的人以不同的眼光看待自己的憤怒，並用更直接的方式向他人表達你的需求。周遭旁人可能會在無意間隨之起舞，和你一起落入被動式攻擊的互動陷阱。針對每一章，我也會爲周遭旁人提供可靠的策略（本書所謂的「旁人」，泛指配偶、伴侶、朋友、同事、老闆、員工、父母、成年兒女或兄弟姊妹等任何與你有關的人士），幫助你們雙方打破循環，開始採取有效的步驟，把被動式攻擊從生活中趕出去。

在很大的程度上，知識就是力量。但本書也會提供具體的練習，無論你在被動式攻擊的互動模式中扮演什麼角色，這些練習都能用來改變你處理憤怒的方式，扭轉它對你的人際關係造成的危害。我們這就開始吧。

## 辨識何謂被動式攻擊反應

蘿貝塔和喬伊斯合住一戶公寓。她們以共有的家用金購買雜貨。爲了省錢，她們每星期去量販店採購一次。在量販店買半加侖的鮮奶比在附近超市買兩夸脫還便宜。

一天早上，喬伊斯想加鮮奶到她的玉米脆片裡，卻發現紙盒裡只剩一、兩匙鮮奶。蘿貝塔正準備出門上班，喬伊斯問她：「鮮奶怎麼沒了？」

「鮮奶沒了嗎？」蘿貝塔說：「你知道我朋友傑克昨晚泡了熱可可來喝，一定是被他用光了。不好意思啊！」

依個性而定，喬伊斯有四種可能的反應：

1.「這樣啊，如果你有腦袋，怎麼不想一想……」喬伊斯一邊說，一邊把將近空了的鮮奶盒丟向蘿貝塔，殘餘的鮮奶灑到她的裙子上。「傑克繳錢給我們當家用金了嗎？希望他覺得『我的』鮮奶很好喝。」

2.「沒關係。」喬伊斯說：「我上班途中再買咖啡來喝。」當然，咖啡要另外花錢，而且她抗拒不了星巴克的司康，但她不想惹得蘿貝塔不高興。她說：「祝你有愉快的一天。」

3.喬伊斯深呼吸一口氣。「看來我們要重新規劃購物清單了，不然就是先在附近超市買一買，免得不夠用。我們晚上討論一下吧。」

4.「喔，好吧。」喬伊斯柔聲說道：「我找別的東西當早餐好了。」她想起架子上還剩最後一盒優格，那是蘿貝塔的最愛。

老實說，當你面臨類似的處境，哪一種反應最接近你的反應？這是一本關於被動式攻擊的書，但這四種反應只有一種符合被動式攻擊的行爲模式。如果你自己有被動式攻擊的問題，或你之所以在讀這本書是因爲身邊有這種人，那你可能一眼就能認出那一個選項。不過，且讓我們先看看每一種反應意味著什麼。

- 第一種個性帶有侵略性。侵略性的反應通常是一時衝動，但背後的目的是要造成傷害。丟鮮奶盒的動作只帶有溫和的肢體暴力，但情緒上的暴力更惱人。無謂地侮辱及影射蘿貝塔的男性友人就是一種情緒暴力。憤怒在此顯而易見。
- 第二種反應的個性消極。做出消極反應的人不表達自身需求、不捍衛自身權益，往往是因爲自卑，他們覺得自己比別人更微不足道。我們在這裡看不到憤怒的痕跡，但很難想像一個人能夠長此以往而不累積滿腹怨氣。
- 第三種反應的個性果決。光是深呼吸一口氣的動作就說明了很多。喬伊斯感覺自己怒火中燒，她先經過思考才做出反應。在她看來，問題出在鮮奶的供應不當，蘿貝塔的朋友只是剛好用了最後一些。他們的需求相互衝突，是時候好好討論了。好好討論才是積極正面、成熟負責的解決問題之道。

• 第四種反應是典型的被動式攻擊型人格。表面上看不到憤怒。到了晚上，蘿貝塔在找她的優格時，喬伊斯會甜甜地說她總得吃早餐，而她只找得到那盒優格。蘿貝塔怎能對她生氣呢？就某個角度而言，喬伊斯只是拿回蘿貝塔欠她的。但蘿貝塔可能也會覺得被刺傷，尤其如果她和喬伊斯已是老交情了。

## 被動式攻擊者的行事作風

被動式攻擊又稱消極抵抗，是以看似沒有敵意的方式來表達憤怒的一種手段。由於沒有一個定義能像實際舉例一樣生動釐清它的涵義，我們不妨依序看看幾個被動式攻擊程度越來越強的狀況。

露西討厭早起。爲了叫她起床，她母親總是喊了又喊，但她還是躲在被窩裡假裝沒聽到。事實上，露西很清楚她母親何時會氣呼呼地爬上樓梯敲她的房門，而她會趕在那之前跳起來衝進浴室。

聽起來夠簡單的，對吧？小時候我們可能都有過類似的表現。或許是賴床，或許是大人講了好幾次，我們才關上電視去做功課。我們會乖乖照做，只不過做得拖拖拉拉。我們用這種方式激怒爸爸媽媽。如同我們每一個人的母親，露西的母親每天一早就從被兒女的行爲激怒開始。

我們來看看當被動式攻擊變得更嚴重一點的情況。

爲了結束這種拉鋸，露西的母親用了新的招數對付她。她告訴露西，從今以後她只會叫她一次，她要是不起床就自己去上學。也就是說，她要麼得走路去，要麼得等公車。第二天早上，媽媽只叫她一次，露西就起床了。但她占用全家唯一的一間廁所，慢吞吞地刷牙洗臉。等她終於打開門時，全家人都聚集在門外。因爲不能上廁所，大家的行程都被打亂了。露西伸伸懶腰說：「我只是想照你說的做啊。可能我還沒完全清醒，所以動作有點慢吧。」

在家人眼裡，露西的拖延戰術或許看起來很故意，但露西可能不明白自己這麼做的動機，她的出發點可能也不是要造成傷害。畢竟，她只是聽從命令，而且她已準備好一套說詞。在這個案例中，我們看到被動式攻擊處世之道的源頭。

我們再看看幾年之後的露西。

電話響起時，露西看到來電者是她父親的生意夥伴。她沒讓電話轉到答錄機，而是主動接起電話，提議幫對方留言。她父親的生意夥伴說，明天一早不要到公司碰頭，請她父親直接去機場搭飛機，這樣才趕得上一場重要的會議。露西提筆寫下留言，甚至還問了班機時間。掛上電話之後，她把字條丟到她父親放公事包的小書桌上，然後就去看電視了。

那天晚上，一家人共進晚餐時，她父親的手機響了。和對方講完之後，他氣沖沖地掛斷手機。「露西，你什麼時候才要告訴我更改航班的事情？」

露西抬起頭來。「更改航班？喔，對，你的搭檔打來過。」

她父親深呼吸一口氣。「他說是你接的，他還留了言。」

「是啊。」她說著朝父親的書桌走去。「就在這裡啊。」她彎下身。「哎呀，一定是你放公事包的時候掉到地上了。對不起啦。」她把那張仔細寫好的字條交給父親。

露西單純只是粗心大意嗎？還是因爲父親不讓她和一些年紀較大的朋友去參加週六晚上的派對，她就用這種方式還以顏色？她的家人說不上來，露西本人可能也不清楚。反正她會確保父親在上床睡覺前看到字條，對吧？儘管如此，這種袖手旁觀的做法依舊是一種被動式攻擊的表現。

接下來的例子則不是袖手旁觀，露西採取行動了。

露西現在上大學了，但不是她想上的那一所。她想上的在另外一州，那所大學的校園很酷，還有很棒的足球校隊。爸媽說那裡的學費太貴，他們付不起。她只好上了這間離家兩小時車程的學校，爸媽說這裡的學費他們「勉強可以應付」（而那還是在她母親被辭退之前）。他們給了她一張信用卡，用來支付學校的花費，於是她把這張卡刷爆，買了一台新的筆電。她告訴爸媽說教授「要求每一位學生都要有筆電」，即使她腦袋裡盤算著一堆除了課業以外的用途。她可能認爲那張信用卡是父母向她求和示好的表現，因爲他們逼她去上她心目中第二順位的學校。

到了這時，露西已經深深陷入被動式攻擊的模式裡了。儘管她的父母可能覺得這是一種報復的舉動，露西卻可能認爲她有權拿她應得的。她的被動式攻擊也展現在其他的人際關係上。

露西的室友佩妮長得很漂亮，她有一件淺桃紅色的毛衣，那件毛衣她穿起來格外動人。露西「借」來穿，不知怎地灑了紅酒到毛衣上。她把毛衣丟在她自己的衣櫃底部，毛衣就這樣放了幾天，直到室友爲了穿去參加聯誼找起這件毛衣來，露西才說：「喔，天啊！我本來想送去洗衣店，趁你還沒看到就弄乾淨的。眞的很抱歉。」

關於被動式攻擊這件事，我們來看看露西的人生告訴我們什麼。

以最輕微的形式而言，我們可能在自己身上看得到被動式攻擊的痕跡。我們都會口頭上說好，結果卻用反其道而行來吐露內心眞實的感受。舉例而言，在購物商場，我們拿了慈善捐款的表格，然後就把它丟在車上。我們同意要幫學校的活動做準備，但這件事不知怎地就被排到待辦事項的最後一項。我們答應要做某件家事，但卻玩得渾然忘我，把家事忘得一乾二淨。

在諸如此類的情況中（至少就多數而言），被動式攻擊的關鍵要素不見了。這個消失不見的關鍵就是「憤怒」。媽媽每叫她起床一次，露西就更心煩一點，但她表面上保持冷靜，即使媽媽的嗓門越來越大。討厭的老闆交代了討厭的任務，員工就把老闆交代的東西放在文件匣的最底部，或是老公每次去買東西都忘記太太交代的購物清單，這些都跟露西的例子有異曲同工之妙。

在占用廁所時，露西的敵意較爲明顯，但也並非開誠布公。在被動式攻擊的這個階段，當事人即使明顯盡了全力按照別人的要求去做，卻仍能成功搞砸結果。比方傑克乖乖洗碗，但在過程中打破了兩個杯子，他爲自己開脫道：「我只是有點笨手笨腳。」

「疏忽」是被動式攻擊的另一面。露西知道那通電話留言對她父親很重要。不管實際上是不是她把字條丟到地上的，她反正沒特別請她父親注意。被動式攻擊常常表現在忘記傳遞訊息或採取相關措施上，因爲你對某人很生氣，而你知道那個人會因此受到傷害。

被動式攻擊也包括報復行爲，像是露西把信用卡刷爆，但請注意，她自認有資格擁有那台筆電。她不認爲買那台筆電是故意要攻擊她父母的痛處。

你可能會問：人怎麼會這樣？

首先，身爲一個閱人無數的心理醫生，我可以告訴你：說眞的沒有「劣根性」這種東西。我再重複一次：沒有天生的壞胚子、壞小孩、壞人。被動式攻擊的行爲不代表你是壞人，隱藏在這種行爲背後的憤怒也不代表你很壞心。然而，我刻意挑一個孩子／青少年來舉例，是因爲被動式攻擊的根源通常來自人格養成的時期。

我也想補充一點：儘管前述行爲絕對不是可以接受的行徑，但我對露西和她既困惑又氣惱的父母一樣心疼。直到露西明白自己的行爲有問題之前，她還會繼續傷害其他人，而我對她和這些人也都一樣心疼。不管是對本人還是周遭旁人，被動式攻擊都是人際圈中的一個問題。這種偏頗的生存策略常常造成破壞，本書的用意是要幫助雙方一同擺脫它的不良後果。

我們來看看被動式攻擊的根源何在，以便了解像露西這樣深陷其中的人。

## 一切是怎麼開始的？

被動式攻擊是一種應對機制。當人覺得自己無能爲力，或者當人害怕招致不好的結果（例如造成雙方的衝突或決裂），這種應對機制就啓動了。無怪乎被動式攻擊的行爲源自幼年時期，兒時的我們多少都對控制自己的人生無能爲力。

我們依賴父母或監護人供應食衣住行等基本需求。法律規定我們要上學。在學校，我們每天的生活多少都受到課表的支配。理想上，孩子覺得父母或監護人能滿足他們身心雙方面的需求。成長過程中，他們生活安定，受到照顧與保護，對家庭有歸屬感。他們學會信任，並懂得情感交流。在家庭與學校之間，他們培養自身的技能及隨之而來的自信。經由受到照顧，他們也學會照顧他們在乎的人。

然而，並不是每個人的成長經驗都這麼美妙，甚至絕大多數人都不是這樣長大的。有些家庭裡的人際關係可能直接導致被動式攻擊的行爲，有些家庭則間接鼓勵了這種行爲。

被動式攻擊是怎麼開始的？以下是一些可能的情況。

## 強勢＋弱勢＝被動式攻擊

如果父母其中一方很強勢、另一方很弱勢，孩子幾乎難免都會有點被動式攻擊的傾向。父母當中弱勢的一方可能會用被動式攻擊的方式對付強勢的一方，不知不覺間就爲孩子樹立了絕佳的榜樣。被動式攻擊的媽媽背著爸爸買零食給孩子，然後交代孩子說：「我們不要告訴你爸。」孩子從中學到不能直接和強勢或易怒的人硬碰硬，但可以爲了得到你想要的而對他們說謊或保密。

弱者幾乎難免會對強者心生憤怒和敵意，而弱勢父母不誠實的溝通、甚或蓄意破壞的舉動，孩子也可能參與其中。終其一生，在面對威權人物時，被動式攻擊的孩子對強勢父母的憤怒或報復渴望，可能一直潛藏在他們內心深處，不自覺地影響著他們的應對方式。

早年接觸的其他人也可能爲被動式攻擊行爲提供角色模範，例如比較年長的哥哥姊姊和親戚朋友。隱藏負面感受的社會文化也是被動式攻擊的成因。

## 得不到接納

爲孩子訂立標準是爲人父母的一大要務。父母訂下的標準要能推動孩子的成功，並將孩子的觀念和行爲塑造成有助於他們成年後的待人處事。然而，不切實際的標準卻可能導致孩子以被動式攻擊來迴避他們自認達不到的期望，以及因爲失敗而引來的責難。

此處的差別在於「好行爲」和「好孩子」。孩子需要知道就算沒考一百分，就算玩得渾身髒兮兮，就算丟棒球打破了窗戶，就算和街上的孩子打架，父母還是愛他們。

面對過分嚴厲的父母，孩子很快就學到他們必須處處配合，時時討人歡心，讓人覺得跟你相處很愉快。保持這種假象的壓力會對孩子造成很大的焦慮，並引導孩子把被動式攻擊當成處理自身需求的管道。

## 自卑

近年來，我們漸漸體認到自卑可能爲人帶來無所不在的問題與危害，不管有沒有證據支持這個人對自己的評價。人對自身才智與能力的評估，往往跟客觀的事實沒有關係。就算不是來自加里森．凱勒那座「孩子個個資質過人」的烏比岡湖鎮❶，每個人在小時候都該學到自己總有能爲社會作出貢獻的價值與天賦。

如果從沒學到這一課，孩子長大之後可能會老覺得自己是個配角或備胎。在人際關係中，他們自認不配提出要求，認爲自己的需求不配得到滿足。他們可能變得越來越依賴被動式攻擊的策略，尤其如果他們發現這招有效。他們不只藉此得到自己想要的東西，也藉此握有他們自認握不住的力量。

## 掩蓋負面情緒

我們的社會是一個對「快樂」走火入魔的社會。一代人的「歡樂時光」主題搭配著另一代

譯註：
❶烏比岡湖鎮為美國幽默作家加里森．凱勒（Garrison Keillor）虛構的小鎮。在這座小鎮上，男的帥，女的美，孩子個個資質過人。心理學上由此衍生出「烏比岡湖效應」一詞，用來指自我評價過高、自我感覺良好。

人無所不在的笑臉。我曾問過一位來自印度的年輕研究生有沒有受到文化衝擊，他說最令他困擾的莫過於「你好嗎」、「我很好」的制式問答。問話的人並不是真的想要知道你好不好，「很好」是他們預設的標準答案，就連「還好」都令人錯愕。

從寂寞、憤怒、傷心、焦慮到恐懼，我們所有的負面情緒都該藏在抽屜深處，眼不見爲淨。我們不流露自己的負面情緒，也不想看到別人流露他們的負面情緒。我們一次又一次把情緒藏好，藏到自己壓根忘了它的存在。我們告訴自己：我「當然」很快樂。

被動式攻擊是一副好用的面具，我們可以用它來掩蓋所有不被接受的情緒。如果掩飾得夠好，我們甚至會忘記面具後面藏了什麼。

## 畏懼衝突與害怕失去

即使雙方都很理性，而且經過深思熟慮，表達的方式也客氣有禮，但就算只是單純的意見相左，人在面對衝突時還是會很不自在。人生中，在和對我們而言很重要的人相處時，畏懼衝突的結果就是長期忽視或掩飾人我差異。

在這種情況下，藏在衝突背後的恐懼是深怕一旦起衝突就會導致決裂。我們不表達自己的感受，因爲我們直接跳到「只要意見相左就會引起衝突，而任何衝突都會危及我們的關係」的結論。相對於冒決裂的風險，把嘴巴縫起來（想想這個比喻有多疼）還比較容易，於是我們選擇保留自己的想法。長遠來看，保留自己的想法對維護雙方的和諧並沒有助益或幫助不大。一旦人和人之間不分享彼此的想法和感受，這份和諧只會在不知不覺間受到侵蝕。

## 童年受虐

無論是受到肢體暴力、精神虐待或性侵，有些受虐兒會複製施虐者的暴行，成爲逞凶鬥狠的青少年和殘暴的成年人。有些受虐兒則終生落入消極受害的循環，成年後不斷在類似的情境中重演兒時的受暴經驗，然後總是期望會有一個不同的結果。交了一個又一個施虐男友的女性就是一例，虐待的關係是她唯一知道的一種關係。

被動式攻擊提供了一個不那麼直接且看似比較安全的應對之道。因爲害怕自身的需求會招來憤怒和暴力的反應，這些孩子學會了以迂迴的方式操縱他人，達到滿足自身需求的目的，而他們的畏懼不是沒有理由。最重要的是，他們學到威權人物有「表現」憤怒的霸權。他們體認到自己對周遭環境中凶惡的大人無能爲力，於是他們壓抑住自己的激烈情緒。這些受到壓抑的感受，經過某種心理機制演變成怨恨、憤怒與復仇的有毒情結。這一切可總結爲一句幼稚的威脅：「走著瞧，總有一天我要你好看。」

在孩提時期，被動式攻擊的策略一旦奏效，這種策略就有可能變成根深柢固的應對方式，一直延續到成年後和伴侶、朋友、鄰居、上司、同事的關係上。它成爲處理人生一切大小事的固定套路，尤其是在面對威權人物時，即使對方並未構成威脅。

## 受到壓抑的憤怒

由於憤怒的表現在我們的社會普遍不被接受，使得孩子在很小的年紀就學會壓抑憤怒，或至少學會避免公然發怒。他們壓抑得很成功，甚至到了再也察覺不到自己在生氣的地步。

就許多方面而言，受到壓抑的憤怒是藏在本書所述各種情況背後的主題。我們不難理解受虐兒爲什麼會心生憤怒，但受到專斷獨裁或吹毛求疵的父母支配的孩子、好像怎麼做都不能令人滿意的孩子、老是覺得自己不如別人的孩子，以及父母總是忙得無暇顧及兒女需求的孩子，也都有可能心生憤怒。當我們畏懼衝突時，我們眞正畏懼的其實是衝突可能引發的憤怒。

隱而不宣的憤怒是被動式攻擊行爲的癥結，我們會在第一章詳加探討。在此，我想做的是開闢一條路徑，循線追溯被動式攻擊的源頭。現在我們找到源頭了：藏在內心深處的憤怒是連結各種被動式攻擊行爲的線索，也是打破這種習慣的關鍵。掌握到這個關鍵方能改變人生，讓你在未來的人生中能夠平靜而有效地表達內心的感受與需求。

## 給旁人的建議

截至目前爲止，我都把焦點放在表現出被動式攻擊行爲的人身上，但對設法要和他們好好相處的旁人而言，我們在這裡談到的一些情緒問題也一樣令人困擾。

多數人都帶著小時候的壞習慣長大成人。即使是對情緒最健康、最穩定的人而言，和被動式攻擊者交手也是一場苦戰。然而，在許多情況中，旁人的人生經驗和行爲策略反倒讓情況變得更複雜或更惡化。他們自身的個人經歷和情緒選擇，使得他們成爲助紂爲虐的幫凶。

在你的原生家庭裡，如果父母其中一方以被動式攻擊爲手段，你可能很難認清發生在你身上的情況並不「正常」。如果你總是竭盡所能討好父母，那麼你在目前的人際關係中可能也花了很大的工夫在討好旁人，但卻一無所獲。懷著自卑的心理，你可能覺得自己頂多只能得到這種結果。更有甚者，你可能覺得自己活該受到這種對待。

如果你身邊有一個慣於被動式攻擊的人，你可能因爲害怕開啓衝突的大門，以致不敢挑戰這個人的行爲。然而，在此同時，你自己心裡的憤怒卻越積越深。要不了多久，你們之間的關係就可能陷入僵局，前述莎拉和湯姆的情況便是如此。

## 本書如何提供幫助

你和旁人的關係受到被動式攻擊危害的一大徵兆，在於你們發覺自己落入沮喪無力、原地踏步的循環中。你們雙方都不快樂，你們兩人都很生氣，但你們彼此都不知道如何打破既定的不良模式。這本書旨在幫助你們指出問題所在、了解你們怎麼會落入這種處境，並開始採取有助於表達內心感受的做法，以你們雙方都渴望的愛來貼近彼此、互相擁抱。本書案例綜合了我輔導的對象和其他我認識的人，他們的故事生動地呈現出被動式攻擊對人際關係的影響。書中的練習可助你辨認問題出在哪裡，並有助你改變自己的人生。

### 第一章：正視壓抑的憤怒

問題不在於你是否生氣。你就像所有人類一樣都會生氣，而把這股正常的情緒藏起來不是解決之道。無論你是自己有被動式攻擊的傾向，還是身邊有這樣的人，憤怒是來自於情緒我（emotional self）的一份大禮，花時間傾聽它的訊息能改變你的人生。

### 第二章：釐清情緒底下的思維

有被動式攻擊行爲的人常常都在告訴別人自己的想法，卻不表達自己的感受，結果搞得旁人對他們的感受很困惑。無論你屬於何者，你都能從親近內心眞實的情緒獲益，但在那之前，你必須釐清是哪些不自覺的心念在主宰你的人生、引導你走上被動式攻擊的道路。唯有如此，你才能揭開自己眞實的情緒。

## 第三章：傾聽身體的訊息

爲了幫助你接近自己眞實的情緒，我們要向你的身體求教。你的身體蘊含大量的情緒資訊，而且它從不說謊。你要做的只是開始傾聽身體的訊息。感官知覺是身體的主要語言。正念是關照知覺與情緒的一種技巧，能助你揭開自己的感受，並開始據以行動，如此一來，你才能擁有掌握人生的力量。

## 第四章：設下情緒的人我界線

情緒的界線對我們的身分認同來說不可或缺，而把被動式攻擊當成生存策略的人常常界線模糊。在他們身邊的人也需要找到辦法維持自己在這段關係中的穩定與安全。在每一段健康的關係中，雙方都需要認同自己又尊重他人。第四章有關界線的探討，有助修復對自己的認同與對他人的尊重。

## 第五章：明確而堅定的溝通

被動式攻擊是一種極盡迂迴之能事的策略，而當你不直接提出要求，滿足自身需求的機會就隨之大大降低。你和你身邊的人可以學著克服這道存在已久的障礙，開始坦誠地與彼此相處，結果將使你們的關係更和樂也更親近。

## 第六章：容許建設性的衝突

如同憤怒，「衝突」也背負著不應背負的汙名。要想拉近距離並確保內心沒有未能抒發的憤怒，辦法在於肯定人我之間的差異，並以誠實但能將心比心的衝突化解歧異。這可能是強化人際關係唯一的途徑。

## 第七章：擬定具體改變計劃

不管是有意還是無意，被動式攻擊者對旁人造成了很多傷害。為這份傷害負起責任，學會在互動過程中以正念觀照自己和旁人的感受，如此可為你們的關係帶來前所未有的體察力、同理心和有意識的愛護之舉。

### 第八章：不再姑息被動式攻擊

被動式攻擊實際上是本人與旁人一搭一唱的結果——本人採取了這種策略，而旁人選擇遷就，無形中就成了幫兇。事實上，旁人常有需要修復的童年創傷，這些創傷讓他們的關係更岌岌可危。透過第八章，你將學會以健康地表達負面感受來取代妥協遷就。

將這些改變人生的金鑰融入你的處世之道，是需要付出與努力的。天下沒有不勞而獲的東西，何況是這麼有價值的東西。被動式攻擊成性的人（以及在他們身邊的人），必須從心理上和人格上將根深柢固的習慣連根拔除。

落入被動式攻擊模式的人比誰都清楚後果有多痛苦，就連關係和你最密切的人都沒你那麼痛苦。爲自己挺身而出、表達內心眞正的感受、爲自己的需求提出要求、讓自己活得更滿足，該是多大的喜悅！你可以擁有這份喜悅。

至於和被動式攻擊者關係密不可分的旁人，你可能常常覺得他們的行爲令人既困惑又無奈。如果你要和他們相處下去，那麼你們之間有一個値得努力的地方。被動式攻擊是橫在你們之間的屛障，是這道屛障讓你們的關係無法更親近。但如果有心改變，人是可以改變的。你們可以同心協力，瓦解被動式攻擊的模式，把它留在你們的過去。

1

# 正視壓抑的憤怒

雪莉不明白到底是怎麼回事。「每個人都對我很不爽，我不知道爲什麼。」她想著：「就像是他們集體決定組成『反雪莉黨』。」最慘的是在家裡。在雪莉看來，好像不管她說了什麼，明明沒什麼大不了，她老公彼得聽了就是很爆炸。

舉例而言，彼得有一天說：「我老闆給我兩張星期天芝加哥熊隊的票，你大概不想去吧。」

「我當然想去啊。」雪莉說：「爲什麼不想去？」

「眞的嗎？」彼得說：「我以爲你不愛看足球。」

「嗯……我是沒有很愛，但反正你有票啊。」

「那你爲什麼說『當然想去』？」彼得提高音量說：「你總是先說好，後來又藉故不去。這次你是眞的想去嗎？」

「呃，是啊。」雪莉說：「除非天氣太冷。天氣太冷的話，我們也不好坐在外面看球賽吧。」

「雪莉，現在是芝加哥的十一月，當然會很冷啊！」彼得現在吼起來了：「算了！」他氣呼呼地走出房間。

有些讀者可能摸不著頭腦，想不透彼得爲什麼氣成這樣。有些讀者可能了然於心，點頭如搗蒜。在被動式攻擊的行爲中，憤怒扮演著主要的角色。典型的被動式攻擊者心裡不願意、嘴巴上卻說好，他們把自己的憤怒深深隱藏了起來。小時候，他們學到發脾氣是壞事。以雪莉來說，她有一對專制的父母，他們要的是附和與順從，而雪莉把「服從」這一課學得很好。對旁人而言，被動式攻擊的行爲可能很令人惱怒。就像彼得一樣，他們知道表面上的同意可能沒有意義，現在畢竟是芝加哥的十一月。

我們來看看被動式攻擊行爲如何影響雪莉人生中的其他部分。

近來，另一個似乎總是對雪莉很生氣的人是瑪麗安妮。雪莉一週在一家小服飾店工作五天，瑪麗安妮是那家店的店主。雪莉覺得瑪麗安妮對她的工作狀況挑剔到無理的地步。就在前幾天，瑪麗安妮從試衣間那一區朝她大吼大叫，搞得正在和顧客談話的雪莉很難堪。

店裡只有三間試衣間，其中兩間堆滿了散置的衣物，有些還掛在鉤子和衣架上，有些則從試衣凳滑落到地板上。

「我在幫客人挑衣服。」雪莉邊說邊朝瑪麗安妮走去。

「那麼客人要到哪裡去試你幫她挑的衣服呢？」瑪麗安妮叉著手質問道。

雪莉指了指空著的試衣間，說道：「這裡啊，我向來都會保持其中一間乾淨整齊。」

「那你覺得客人對丟在別間的衣服作何感想？我不是一小時前就請你把衣服掛回去了嗎？」

「那位客人……」雪莉話說到一半。

「那位客人就交給我。」瑪麗安妮說：「你把你製造的爛攤子收拾乾淨。」

雪莉轉身去收拾，心裡覺得難堪極了。

被動式攻擊行爲也可能成爲其他人際關係的特徵，尤其是在面對上司之類的威權人物時。雜亂的試衣間可能是雪莉工作過勞的跡象，但這是她需要和雇主協商解決的問題。也有可能雪莉比較喜歡協助顧客，所以她往往會先擱置其他事務，等她忙完了再去處理。瑪麗安妮那句「把你製造的爛攤子收拾乾淨」，可能呼應了雪莉的母親曾經對她說過的話，難堪的感覺伴隨著兒時的回憶，暴露出憤怒的根源。

在我們的社會中，憤怒的表現普遍不被接受。多數人在小時候都學到要不計代價「控制」

情緒。社會鼓勵我們以和爲貴，壓抑自己的感受。我們把憤怒的情緒和失控、暴力、罪惡等等聯想在一起。旁人甚至會對我們說：「不要生氣！」就彷彿憤怒的感覺本身是錯的。久而久之，要是我們夠壓抑，到頭來我們可能甚至意識不到自己在生氣，因爲我們把憤怒藏在理智的背後，藏在其他較能接受的情緒背後。多數人懷著對憤怒或衝突的恐懼長大成人。我們純粹就是不知道該如何面對憤怒，而憤怒對我們的身體來說無疑是種很不舒服的感受。

對於把被動式攻擊策略當成處世之道的人來講尤其如此，隱藏起來、壓抑下去的憤怒是他們的行爲模式的核心。長期處於被動式攻擊關係中的夥伴或伴侶往往也有這種特徵。在一段關係中，如果雙方都不知道如何表達憤怒，溝通的管道很快就會堵塞，兩人間便不再存在眞正的溝通。

那麼，有什麼別的辦法可想？相對於逃避或壓制，我們需要和憤怒的感覺相處得夠久，久到能夠明白它想傳達什麼訊息爲止。對許多人而言，這意味著體認到自己在生氣，接著找出生氣的原因。我們在其他章節會再探討相關課題，第一章的重點在於學會接受憤怒，把憤怒當成可能對我們的健康快樂有益的貢獻者，並學會辨認那些代表我們很生氣的知覺和感受。首先，我們要探討憤怒是一種良好情緒的可能性。是的，你沒看錯，憤怒是一種「良好」、「必要」的情緒。

練習1

# 傾聽憤怒的聲音

**1.** 找一個可以讓你安靜十五分鐘而不受打擾的地方，一個讓你覺得既放鬆又安全的地方。

**2.** 舒服地坐著，上半身保持挺直，雙腳踏地，不要翹腳，手臂自然垂下。一分鐘過後，閉上眼睛，深呼吸幾口氣，邊吸氣邊數一、二、三，接著吐氣數一、二、三。反覆吸氣、吐氣，直到你感覺心情平靜，腦袋放空沒有雜慮。

**3.** 首先注意一下你的知覺和感受。你累嗎？快樂嗎？焦慮嗎？接著開始思考生活中有哪些地方讓你生氣。有些憤怒的來源可能立刻就浮現，像是把收音機開得太大聲的鄰居，但請多給自己一點時間，體會平常意識不到的情緒來源。你可以和自己說話，自言自語沒關係。

**4.** 細細回想你在一天當中各方面的經歷，從婚姻、家庭、工作到上司、同事、下屬，乃至於鄰居和社區活動。你的憤怒來自何處？

**5.** 寫下浮現在腦海裡的任何影像或話語。無須想得太用力。重點不在於你想到什麼，而在於你有什麼感受。放鬆下來，敞開心胸，迎接內在之眼看到的畫面。

十五分鐘結束，回顧你寫下的清單，有沒有什麼新發現？有沒有出乎你意料之處？特別注意那些讓你不安的地方。接下來在閱讀本書的過程中，這些不安之處有可能為你提供一些重要的線索。隨著你對自己的知覺、感受和思緒的覺察力越來越強，這會變成一個你想一再重溫的練習。

## 生氣不是壞事，你也不是壞人

了解並克服被動式攻擊行爲的第一個關鍵，在於肯定憤怒是一種健康、正常的情緒。憤怒是安全、有效、必備的人生指南針。你對憤怒或許存有一些把你侷限住的迷思，爲能善用這項工具，你必須先掙脫那些迷思。或許你認爲只要生氣就代表你「不好」。你可能不願回想某些能夠說明你爲什麼會有被動式攻擊行爲的童年經驗。你也可能不認爲自己有什麼憤怒的情緒。

如果你有諸如此類的迷思，我希望你能把它們拋開，以開放的心胸閱讀本書。以下是其他一些關於憤怒的迷思。

迷思：你得有一副好脾氣，否則大家不會喜歡你。

眞相：如果你總是一團和氣，大家會開始懷疑你眞正的想法，也可能因此變得不信任你。

迷思：生氣很危險，你會失控地傷害別人，或做出讓自己後悔的事、說出無法挽回的話。

眞相：如果你學會如何回應憤怒，你就可以免除發怒的危險。若是把憤怒積壓起來，你更有可能一發不可收拾。

迷思：憤怒挑起令人痛苦不安和不願去想的問題。

眞相：除非把深層的問題攤開來，否則你只會越來越痛苦。隨著時間過去，你的人際關係也會受害。

迷思：生氣有百害而無一利。

眞相：一旦明白自己爲什麼生氣，你就能了解自己的需求，如此一來，對於接下來要怎麼說和怎麼做，你才能做出審愼的抉擇。

迷思：憤怒是人際關係終結者，我不想落得眾叛親離。

眞相：當你能夠檢視自己的憤怒並予以審愼的表達，你就爲更良好的溝通與更親近的關係開了一扇門。

這些迷思很多都和憤怒對人際關係的衝擊有關。迷思是只要我們去感受內心的憤怒，結果一定就是大發雷霆傷及身邊的人。在我們的文化中，「以和爲貴」的重要尤其受到過分強調。從小我們就被教育跟誰相處都要和和氣氣，不管是對外婆、對叔叔、對其他小朋友、對我們的老師……這份名單沒完沒了。

選擇被動式攻擊的人得出「發脾氣就沒人喜歡你」的結論，而他們迫切渴望被喜歡、被接納，這就是爲什麼他們特別害怕對身邊的人生氣。他們不要身邊的人離他們而去。他們害怕一點點的憤怒與衝突都會結束這段關係。

我想在此提出：憤怒眞的是打開親密之門的鑰匙。當我們允許自己感受內心的憤怒、解讀它所蘊含的訊息，我們就能從中得知自己需要什麼才能感覺幸福與被愛。藉由把這份認知和身邊的人分享，我們雖然暴露了自己的弱點（而這麼做可能感覺很危險），但也是在邀請那個人更深入地了解我們。

有太多的人際關係是愛上假象的關係，每個人愛上的都只是自己心目中的別人。眞相有時可能令人很痛苦，但這是讓人愛上眞正的你唯一的途徑，也是讓你愛上別人的眞我唯一的途徑。

## 你害怕表現出你的情緒和感受嗎？

隱藏起來的憤怒有許多後果，但我們的主題是被動式攻擊行爲，所以，你要如何知道自己在用被動式攻擊的策略表達藏在心裡的憤怒？或者，你要如何知道自己正面對一個用被動式攻擊表達憤怒的人？當憤怒隱而不發，看不見的線索就是最好的線索。如果你很少生氣或覺得憤怒，你絕對應該想想自己有沒有可能落入了被動式攻擊一族，並且特別注意我們接下來要討論的線索。爲了評估你或旁人（再次強調，我所謂「旁人」指的是任何和你有關係的人，包括配偶、老闆、同事、員工、朋友或親戚）是否有積壓在心的憤怒和被動式攻擊的傾向，請回答以下的問題。

## 你或旁人是否有被動式攻擊傾向評量表

你（或周遭旁人）是否：

- 有人值得或渴望受到讚美時，不願給予對方讚美、關注或好評？
- 沒能履行別人對你的要求？
- 在有要事必須解決時拖拖拉拉？
- 把拒人於千里之外當成懲罰的方式？
- 做一些搞破壞的小動作？
- 在討論重要的事情時惜字如金？例如只以「嗯」、「不知道」、「好啊」、「隨便」作為回應？
- 以冷嘲熱諷的方式回應人生、自己或他人？
- 常常覺得很沮喪、很失望、很煩躁，但有時又不到生氣的地步？
- 負面看待多數情況，甚至是當一切都很順利的時候？
- 常以瑣碎的負評有意無意地傷害別人的自尊？
- 經常覺得憂鬱，或長時間陷入憂鬱？
- 從不說「不」（或總是說「好」）？

如果這些問題有任何一題你的答案是「是」，就可能意味著表達憤怒對你（或周遭旁人）來講是個問題。不用覺得內疚——這是可喜可賀的一件事，因爲體認到你有表達憤怒的問題就是不再被動式攻擊的第一步。對於解決問題而言，意識到問題的存在是不可或缺的一步，有時甚至是成功的一半。握有這把金鑰，你將開始察覺到自己的憤怒情緒，或在周遭旁人心生憤怒時察覺到對方的情緒。

## 憤怒是演化而來的健康情緒

身爲生物的人類一直處於進化之中。我指的不只是生理方面，還有情緒方面。歷史上，隨著憤怒而來的爆發力助我們保有健康快樂的身心，也助我們表達需求與渴望。

舉人類寶寶爲例。不會說話、不會走動、拿不到想拿的東西，人類寶寶就放聲大哭。這是憤怒的表達形式，很原始但很有效，通常會吸引旁人過來安撫這個寶寶，並滿足這孩子的需求。有些需求是生理上的，像是要吃、要蓋被子、要換乾淨的尿布，但也有些需求是心理上的。寶寶需要覺得被愛，需要覺得自己和他人相依相繫。不分男女，我們都感受過那股衝動——看到一個小娃娃，我們就想去抱他、哄他、逗他。這種基礎本能確保人類寶寶得到心理上的慰藉，而心理上的慰藉對整體的健康快樂來說不可或缺。

隨著我們漸漸長大，我們越來越能照顧自己的基本生理需求，但我們的心理需求還是一樣。我們需要安全感和歸屬感。我們需要被愛、被接納。我們需要正面的自我觀感。我們需要活得有目標。我們的人生要順著我們的潛能充分發展。只要有任何一個需求得不到滿足，內建的機制就啓動通知的功能，告訴我們哪裡有所欠缺。這就是情緒的作用，尤其是憤怒的情緒。我們的喜怒哀樂扮演著傳遞訊息的角色，爲我們傳遞有關健康快樂的可貴訊息。

我們來看看被動式攻擊如何在以下的例子中作梗。

隔著會議桌，安妮在她的搭檔對面坐下。爲了確保有足夠的份數，她又檢查了一次她爲今天開會蒐集的資料。茱蒂是這次任務和她搭檔的同事，她那裡已經有一份資料了，所以安妮手上有足夠的資料發給其他人，包括她的上司在內。她想藉由這次報告讓上司刮目相看，爭取加薪的機會。

議程來到她們研究的主題時，茱蒂主動出擊。安妮還來不及發下資料或開口說話，茱蒂已經站了起來，用她的 iPad 投射出 PowerPoint 簡報檔。茱蒂報告時，安妮很訝異聽到自己的一些見解被提了出來，有時還一字不差地出現在投影片上。

茱蒂報告完，老闆問安妮有沒有什麼要補充。她覺得很困窘，茱蒂已經把她要說的都說完了啊。「我想茱蒂已經把我們的研究報告得很完整了。」她說：「我這裡有一些資料，如果有人有興趣的話……」茱蒂揮揮手說：「當然，我已經把安妮的資料放進我的報告裡了。」

安妮很氣她自己。在大家眼裡，她一定顯得很蠢或很懶，或者又蠢又懶。永遠不會有人知道她爲這個計畫投入了多少心血。會議一結束，她就溜出會議室，資料還夾在她的手臂底下，根本沒有發出去。

安妮的心血被剽竊了。如果她回家撞見闖空門的小偷，或是有個頭戴面罩的人要她交出錢包，她不會氣她自己。她會認爲眼前發生了一起犯罪事件。但在這個情況下，她不能打一一〇。安妮必須充當警察捍衛自己。雖然她有權生氣，但她的行爲顯示出以被動式攻擊避免衝突的應對方式。在開會時站起來大叫「我的心血被剽竊了」，或許是正當的防衛，但是並不恰當，而且可能無濟於事。相反的，安妮需要感受她的憤怒，並採取行動改善她的處境。

「我想，茱蒂的報告大致總結了我們共同努力的成果。當然，我們蒐集了豐富的資料作爲佐證，我也準備了一些文件讓大家可以帶回去參考。你們會在裡面看到一些有趣的差異與細節。」

安妮沒有批評或指責茱蒂的所作所爲，只是點出她自己對這個案子的貢獻，並且將證據提供給工作團隊裡的其他人，尤其是她的上司。

經由辨認並探索憤怒的感受，你不只能聽到它所傳遞的訊息，還能藉以改善你的處境。

練習 2

## 撰寫憤怒日記

連續七天，用日記本或筆記本監測你的思緒和情緒。在你覺得生氣或不滿時，記錄你腦海中的念頭，找尋導火線（是哪一類事情激怒了你），看看你在類似經驗中的因應方式有沒有任何模式可循，並探討你採取或沒有採取的行動。

舉例而言，或許你藉由壓下怒火來忽視憤怒的感受，或許你顧左右而言他，以便分散自己的注意力，藉此應付衝突。寫日記時盡可能誠實，注意不要自我修改。把日記藏在沒有人會發現的地方也能賦予你盡情抒發的自由。目標在於讓你開始意識到自己面臨不愉快的情況時作何反應。

情況：

心裡的感受／腦海裡的念頭：

我採取或沒採取什麼行動：

## 培養覺察憤怒的能力

我要重申我們每個人都會生氣，而生氣不代表你「不好」。只不過在某年某月的某一天，你學會用不健康的方式表達憤怒。一旦明白你並不是天生就很壞或人格扭曲、身心不健全，你並不是先天社交失能或有社交缺陷，你就可以將自己從習慣的魔掌中解救出來，開始按照自己的心意做出新的選擇。

## 我的憤怒習慣源自何處？

想了解藏在心裡的憤怒和被動式攻擊的反應，就要知道這種策略是怎麼形成的。迴避憤怒與衝突的策略往往可追溯至童年經驗。童年是學習的關鍵發展期。一如我們所見，被動式攻擊的待人處事之道就奠定於這個時期。孩子經由眾多管道吸收資訊，但家庭是塑造思想、觀念和行為最直接的環境。一般而言，家庭處理憤怒的典型方式有三種類型：

**1.** 迴避型
**2.** 火爆型
**3.** 健康型

並不是每個人的類型都那麼絕對，但從這三大類出發是一個很好的起點。你可以從這三類開始，看看自己的家庭是以哪一種風格展現憤怒的情緒。

- 基本上，迴避型的家庭從不表達憤怒，也從不因憤怒和人起衝突。個性傾向於討好他人的人，往往來自這一型的家庭。他們只會展現快樂、安全的情緒，而且從不討論不愉快的話題。
- 表面上，火爆型的家庭比較危險。家人動不動就亂發脾氣，孩子學會把生氣當成達到目的的手段。「愛」往往是透過衝突或火爆的溝通風格展現出來。
- 健康型的家庭展現出愛和衝突在人際關係中是可以並存的。人和人之間可能意見不合，也可能起爭執，但同時仍保持信任與親近，感情不會因此破裂。大家彼此尊重，朝解決問題、鞏固關係的共同目標一起努力。

檢視自己的家庭屬於哪一種風格的重要性，在於我們會帶著童年經驗長大成人。我們在兒時形成既定的模式，成年之後繼續沿用相同的模式，結果困住自己、傷害他人，甚至傷害自己。爲能改變我們的行爲，我們需知道自己之所以有這些行爲的原因，因爲持久的改變始於自覺與自主。我的意思不是要你歸咎於自己的家庭背景，這麼做完全沒有建設性。但如果能體認到我們的問題是耳濡目染、自然而然養成的，就能減輕自我否定和內疚自責的感覺。

練習 3

## 探究你處理憤怒的方式源自何處

在這個練習中，你要描述你的父母或養育你的人如何處理他們的憤怒，乃至於他們可能直接或間接傳遞了什麼訊息給你，影響到你處理憤怒的方式。

**1.** 你的母親如何處理她的憤怒？她的言行舉止傳遞了什麼訊息給你？你從中學到什麼處理憤怒的方式？

**2.** 你的父親呢？你從他那裡接收到什麼關於憤怒的訊息？他所傳遞的訊息如何塑造或影響你？

**3.** 有沒有其他重要人物為你示範了處理憤怒的方式？你從他們身上學到什麼

東西，塑造了現在的你所用的模式？

幸好學習永遠不嫌遲，包括學習健康的憤怒表達方式在內——只要你願意忍受過程中產生的負面感受，並檢視產生這些負面感受的原因。

## 辨認憤怒的線索

如果你對自己的憤怒表達障礙一無所覺，有一些徵兆可作爲自我提醒的警訊。很少人知道在做出憤怒反應之前，總會先有衝動產生。一旦你能察覺到這股衝動，你就可以在心生憤怒的當下判斷出自己生氣了。有了這種自覺，你就有時間選擇如何回應，而不是下意識地走上被動式攻擊之路。在被動式攻擊者周遭的旁人也可以用同一張檢查表，評估對方和自己。

### 生理線索

如同所有情緒，憤怒是一股能量，證據就在於身體的反應。回想上次生氣的時候，你是不是覺得慷慨激昂、活力滿點、精神百倍？有可能。當我們的「戰或逃」反應機制啓動時，腎上腺素就在全身上下流竄。如果你已習慣了被動式攻擊，要辨認出憤怒的情緒可能稍微困難一點（因爲你已經學會立刻壓下怒火），但仍有一些心生憤怒的生理線索可循，例如：

- 肌肉緊繃
- 身體某個部位（下巴、脖子、雙手）僵硬
- 感覺心臟好像往下一沉
- 沒胃口
- 頭痛
- 發抖或打顫
- 感覺臉部或頸部發燙

**行爲線索**

- 來回踱步
- 指尖不斷敲擊桌面或腳步踩得很重
- 握拳

- 提高聲量或改變音調

## 情緒線索

- 亟欲擺脫你所面臨的處境
- 覺得憂鬱、煩躁或內疚
- 在某人身邊令你倍感焦慮
- 在面對這個人時，你過分吹毛求疵或冷嘲熱諷
- 你一心做出破壞或傷害的行爲
- 你故意從中作梗或挑撥離間

## 思緒線索

- 滿腦子充滿敵意的自言自語
- 幻想採取攻擊或報復的行動
- 情不自禁不斷想著這個問題
- 持續和人爭辯這個問題

練習 4

# 找出你最主要的憤怒徵兆

1. 回顧本章提供的憤怒線索，請不要漏掉任何一條，即使你很確定某一條說的不是你。
2. 回想一個曾經激怒你的情況，回憶當時的細節。你怎麼知道自己在生氣？想起那件事會不會激起你身體上或情緒上的任何感受？會不會牽動你的思緒？你是否感覺頸部僵硬？是否覺得情緒低落？
3. 寫下這些反應——它們就是線索。
4. 想想其他生氣的回憶，重複步驟1到3，寫下浮現出來的線索。
5. 接下來一個星期，在每天的例行作息中隨時觀察一下你的身體知覺、內心感受、以及腦海中的念頭。你說不定輕而易舉就能辨認出自己快要生氣了的主要線索。

找到憤怒的主要徵兆是掌握憤怒的基礎，有了這個基礎，你就能選擇主動探索自己的憤怒，而不是被這股情緒牽著鼻子走。

## 與憤怒共處

當你出現諸如此類的憤怒徵兆時，給自己幾分鐘，靜靜觀察你的情況。在你周遭發生了什麼事？你和誰在一起？他們說了什麼激怒你的話嗎？是什麼話激怒了你？爲什麼會激怒你？許多引爆我們憤怒的導火線是在童年就埋下的問題。如果小時候旁人讓你覺得自己很笨、很醜、很懶（形容詞任選），長大之後，每當有什麼人事物喚醒舊有的負面回憶，你就可能繼續產生憤怒的反應。當然，這些回憶很痛苦，但你要和它們相處得夠久，久到能夠認清它們的樣貌，釐清它們的源頭。

我知道這不容易。憤怒讓我們渾身不舒服。種種生理跡象讓我們覺得自己好像要訴諸暴力了——確實，憤怒來自戰或逃的反應機制，所以它有一部分的作用在於讓早期人類做好爲保命而戰的準備。時至今日，我們可能會有路怒症（road rage）的現象，開車時的暴躁情緒常常導致駕駛做出魯莽的舉動。這不代表這種舉動（或火爆的憤怒表達方式）避無可避，只要我們和自己的情緒相處得夠久，久到足以認清它們的樣貌，並找出它們的意義。

對自己所愛的人生氣可能是最煎熬的事了。我們怎麼能在愛一個人的同時又對他不高興？不管是他做了什麼、說了什麼，或者沒做什麼、沒說什麼。人會生氣純屬天性。為了建立深厚的情誼，我們需要知道彼此的罩門在哪裡。唯有如此，我們才能誠實地把話說開，而把話說開有助於日後相處時對彼此的感受更敏感。若是沒有經歷一些不愉快的情緒起伏，以及繼之而來的眞誠自省，改變和成長就不可能。

## 面對被動式攻擊者，你可以給予正面回應

截至目前為止，我們已經討論到有被動式攻擊行為的人、以及藏在心裡的憤怒所牽涉到的問題。然而，在被動式攻擊者周遭的旁人，也面臨著與被動式攻擊相關的問題。多數和被動式攻擊者相處在一起的人都說他們很困惑。長久相處下來，這個表面上那麼可愛、隨和、溫順、好相處的人莫名地令他們惱火，一開始他們可能還視若無睹或沒有察覺，隨著時間過去，隱而不顯的憤怒越積越深，有時就難免沒來由地爆發出來。舉例而言，被動式攻擊者對某個要求的回應，可能是言不由衷的一句「好啊」，提出要求者聽了就突然大發雷霆。除了困惑與憤怒，旁人可能會對自己的反應和感受覺得內疚，甚至開始懷疑自己是不是情緒不穩。

最壞的情況是旁人也跟著採取被動式攻擊的回應模式。想想以下的例子：

菲爾是一家行銷公司裡某個小組的組長，每週五下午三點是小組會議時間，而戴夫從沒準時出席過。其他四名組員對會議時間多所抱怨，因爲星期五下午三點，大家都想收拾辦公桌去歡度週末了。但在一週的尾聲開這個會有其必要，目的在於總結這一週，並爲新的一週做準備。雖然戴夫不曾開口抱怨，但菲爾不禁要想：每一次都遲到十分鐘是不是他表達抗議的方式？沒有他，眞的開不了會。

戴夫的行爲使得自己在小組中被孤立。其他人會一起喝咖啡聊是非、給彼此的工作回饋意見，甚至中午成群結隊去吃飯，戴夫卻總是在自己的隔間裡埋頭工作。每當戴夫開會遲到，又用他的老藉口說剛好接到客户的重要電話，總有不只一位同事發出冷笑。

就在某個週五，菲爾心生一計。他請一位同事在看到戴夫離開座位時寄電郵給他。菲爾先不去會議室，他在他的辦公室裡等到那封電郵寄達，然後數到一百，再起身去會議室。

菲爾抵達時，戴夫正好剛坐下。菲爾刻意與戴夫四目交會，接著說道：「很抱歉我遲到了，各位。我接到一位客户的重要電話——就是剛剛和你通話的那位，戴夫，他說希望他沒害你開會遲到。」

全場頓時哄堂大笑，大家都看得出來戴夫被擺了一道。戴夫羞得滿臉通紅，菲爾覺得他贏了一局。

但他贏了嗎？或者他只是一腳踩進被動式攻擊的陷阱裡？當周遭旁人開始用被動式攻擊來抵制被動式攻擊者本人，被動式攻擊就變成一個沒完沒了的循環。沒人把心裡的話說出口，暗潮洶湧的憤怒開始成倍累積。

旁人可能對自己的憤怒感到內疚，爲了避免惡性循環的結果，旁人需要拋開內疚，檢視憤怒的源頭。在第一章當中的所有練習，對被動式攻擊者本人和周遭旁人都一樣重要。正視憤怒是直探人際衝突根源並予以有效處理最好的辦法。

練習5

## 檢視你對被動式攻擊者的反應

1. 找一個可以讓你安靜獨處至少十五分鐘的地方。四肢放鬆，肩膀垂下，雙腳踏地。
2. 深吸一口氣，慢慢數到三。呼氣，再次數一、二、三。重複到你平靜下來，把今天要忙的事情都拋到九霄雲外。
3. 專注在這一、兩天你和旁人的互動上，首先浮現腦海的可能是那些令你困擾的情況。為什麼你覺得困擾？你不確定旁人的行為背後是什麼意思嗎？對方的行為是否感覺有敵意或很惡毒，即使表面上和顏悅色？
4. 回憶事發當下，感受一下自己是否覺得憤怒。
5. 現在，檢視你做出的回應：
   - 你是否覺得吵架很累，同意或說好還比較輕鬆？
   - 你是否答應做某件事，但很快就忘得一乾二淨？
   - 你是否原諒對方、置之不理、立刻拋諸腦後？

• 你是否一心只想離開現場？
• 你是否以刁鑽、調侃或挖苦的方式作為回應？

只要任何一題的答案是「是」，就表示你可能是以如法炮製的手法在對付有被動式攻擊行為的人。

透過這本書，我希望能協助你們了解彼此互動上的癥結所在，如此一來，你們就能一探隱藏在自己心裡的憤怒，並找到表達的辦法。被動式攻擊是一個巴掌拍不響的遊戲，如果雙方都學不會打破一來一往的循環，結果必然是雙輸的局面。這就是本書的重點所在。

爲了協助你完成「正視憤怒」的重要功課，接下來兩章會更深入地檢視這個過程。你的憤怒可以告訴你是什麼限制了你，或你的人生少了什麼——你只需要豎耳傾聽它的聲音。

# 2

# 釐清情緒底下的思維

琳達和法蘭妮是在紐約市近郊一起長大的鄰居，念同一所幼稚園和小學，但她們的童年卻活在截然不同的世界裡。

琳達的家庭從小鼓勵她勇於嘗試新事物，就算她做得不好，家人也用愛來回報她的努力。父母總是告訴她，她是一個聰明伶俐的小丫頭，她的積極主動和努力不會白費。所有孩子都難免需要受到處罰，但當琳達受罰時，父母會跟她解釋她做錯了什麼，下次要怎麼改進。成長過程中，琳達覺得碰到問題時可以向父母求助，她有父母可以依靠，父母不但願意了解她，最重要的是他們很愛她。

就在同一條街上的隔壁幾戶，法蘭妮生活在一個迥異的環境裡。她的父母為人謹慎，他們總是告誡她「自不量力」的危險。她玩遊戲或玩玩具（乃至於後來寫功課）碰到了問題，父母就跟她說有些人天生就是比較笨，父親有時會叫她「我的小笨瓜」。雖然父母給她一堆禮物，但每當她做錯事，他們就大發雷霆，常常還會把禮物沒收。如果她因此生氣，他們就沒收更多東西。禮物是她最大的安慰，法蘭妮因此學會了掩飾她的過錯，免得失去她的禮物。

你可能會很訝異琳達和法蘭妮小學時的成績差不多。她們的學習風格不同，但兩人的成績都在中上。話雖如此，琳達後來去上大學，並在生物技術領域闖出一番事業。法蘭妮覺得自己應該從社區大學念起，最後她讀了兩年的資訊工程課程。

到了十八歲時，不管是對自己還是對這個世界，琳達和法蘭妮的看法都是天差地遠。琳達將威權人物視爲鼓勵與幫助。她有十足的自信，總是願意迎接挑戰，從中鍛鍊自己的技能、充實自己的實力。法蘭妮不信任威權人物，她怕一旦承認自己的弱點或缺失，他們就會處罰她。她自認資質平庸，所以她對職業生涯的期望很低，並用新衣服來提升她的自信。

現在，我們想像一下她們要買一件新洋裝，服飾店的女店員說：

「你知道，那件看起來還不錯，但我也想看你試試別件。藍色或許更能襯托你的膚色。我想我們有一件洋裝正適合你。」

琳達聽到的是：

「我覺得你穿另一件洋裝會比較好看。」

她心想：

「還好有個稱職的店員在這裡協助我做決定。」

她很高興接受幫助。

法蘭妮聽到的則是：

「你穿這件洋裝醜死了，但話說回來，眞正的問題在於你的膚色。你對衣服的品味很差。」

她心想：

「這女的以爲她是誰？憑什麼給我出主意？侮辱我嘛！瞧瞧她自己身上穿

的！」

她感覺：

「她故意要讓我覺得自己很醜。我知道我很笨，但我長得不難看。一旦有人侮辱我，我就會生氣。」

從琳達和法蘭妮的故事，你可以看到童年經驗如何影響我們現在看待世界的眼光，以及我們對自身遭遇的反應。身體的骨架日漸茁壯，心理的骨架也在建構成形。終其一生，或至少直到我們沉澱下來、檢視自己的想法和迷思是否切合實際之前，我們都用這副架構判斷情況、做出決定。

你甚至可能不知道自己存有這樣的迷思，而且你無疑不會認爲它們是「意見」。然而，它們就是意見。我們不認爲這套思考架構是我們所創，相反的，我們認爲「事實就是如此」。對我們而言，這就是事實，如果有人不同意，那一定是這個人錯了。問題是，有時候我們是錯的。我們眼裡的事實只是源自童年經驗的觀感，只是個人的心念而已。

## 事實與意見

| 事實 | 意見 |
|---|---|
| 事實具有客觀的真實性，奠定於理性思考之上，經過數據的驗證，人人都對事實有共識。 | 意見是主觀的想法或判斷，由個人經驗和感受所形成，意見因人而異。 |
| 今天的氣溫是二十八度。 | 熱過頭了。<br>多好的天氣啊！ |
| 我的大學入學考試成績是六百二十分。 | 我很厲害。<br>一堆人比我更厲害。 |
| 珊蒂剛剛面無表情地走過我身邊。 | 珊蒂在生我的氣。<br>珊蒂目中無人到極點。<br>珊蒂好像有心事，不知道她怎麼了。 |
| 我們約好一起吃晚餐，喬治遲到了。 | 喬治從來不守時。<br>喬治一定是打算跟我分手。<br>喬治搞不好出事了，我希望他沒事。 |

導致一個孩子採取被動式攻擊的思想體系一旦立下基礎，要不了多久，他們就會落入被動式攻擊的循環，這個人所有的人際互動都會受到影響。

這些想法和心念在我們的眞實遭遇和我們對事件的反應之間作梗。美國心理學家亞柏特・艾里斯（Albert Ellis, 1913-2007）發展出一套A＋B＝C的公式來解釋這種現象。在A＋B＝C的公式中：

A＝事件

B＝心念

C＝結果

顯然，在這個等式中，你不是直接對事件(A)做出反應。你的心念(B)從中作梗，影響了你的結論和後果(C)。

以琳達爲例，女店員說的話(A)加上琳達的自信和她對於嘗試新事物的意願(B)，帶來了她很感謝這個建議的結果(C)——或許也帶來一件更適合她的洋裝。

以法蘭妮爲例，女店員說的話(A)一模一樣，經她低落的自尊(B)過濾，結果加深了她的自卑，也加強了她的憤怒(C)。但她勢必會把她的怒火壓下去，因爲童年經驗告訴她發脾氣換來的是處罰。注意法蘭妮把稀鬆平常的一件事變成充滿壓力的情況了。當被動式攻擊機制從中作梗時，這是很典型的結果。對自身情緒的畏懼讓人對問題或威脅提高警覺，結果是隨時隨地爲各種情況製造壓力。

現在，我們繼續看看法蘭妮和女店員之間的互動如何發展下去。

女店員：「你知道，那件看起來還不錯，但我也想看你試試別件。藍色或許更能襯托你的膚色。我想我們有一件洋裝正適合你。」

法蘭妮：「事實上，我喜歡這件的剪裁（她摸摸衣料），但我不確定它的品質。你們有沒有款式類似但料子比較好的？」

女店員：「那是我們最優質的一個系列了。當然，我可以拿別件給你看看。」

法蘭妮：「不用了，我再去別的地方逛逛。」

因自我設限的心念而誤解了女店員一開始說的話，法蘭妮以貶低這家店的品質作爲反擊。

這麼做提高了她的自尊——她要讓那位店員看看誰才是時尚專家。接著，當店員挑戰她時，法蘭妮就決定離開那家店。注意女店員到了此時可能也很生氣——這又是一個被動式攻擊機制從中作梗時的典型結果。

除非全世界只有這家店，否則被動式攻擊的循環不會到此爲止。被動式攻擊也常常出現在其他的人際互動中，只要它來攪局，就可能有破壞性的後果。

透過琳達和法蘭妮的故事，我們看到了人是如何以童年經驗爲基礎，發展出不同的思想體系。我稱之爲思想體系，但人常將一己的思想視爲眞相。「這世界就是這樣，我就是這樣，別人就是這樣對待我的。」透過這些在過去建立起來的心念看待現在的遭遇，我們的眼光就可能變得扭曲。

對於養成被動式攻擊人格的人而言，他們的想法和心念就有法蘭妮的一些特徵，像是自卑、不信任威權人物、對批評很敏感，以及對憤怒的恐懼。被動式攻擊者也對所有感受都懷有恐懼，他們很容易就會把自己當成受害者，並有排除他人、只專注在自己身上的傾向。

打破被動式攻擊循環的不二法門，就是揭露這些非理性的思想體系。因爲是我們創造了這些思想，如果它們限制了我們個人的成長，或損害了我們和他人的關係，我們也可以改變它們。在這一章當中，我們要來看看有哪些非理性心念是被動式攻擊行爲的核心。

## 對憤怒和其他感受的恐懼源自童年經驗

那麼，我們要如何辨認這些迷思，如果我們壓根就把它們當成事實的話？憤怒是身體與小我／自我形象界線的使者，扮演著傳遞訊息的角色，能幫助我們辨認自己眞實的感受。從眞實的感受出發，我們就能看看是什麼樣的心念創造出這些感受，並判斷它們對我們的人生是否有正面的影響。

如同我們在第一章看到的，問題在於多數人學到發脾氣是不被接受的行爲。即使還只是個小孩子，我們就開始壓抑憤怒的感受。對於採取被動式攻擊策略的人而言，選擇壓抑憤怒無疑是他們既定的模式。被動式攻擊行爲最典型的元素莫過於對憤怒的恐懼了。

爲了探究這種情況是怎麼發生的，我們再來看看琳達和法蘭妮的例子。一般正常的孩子一定都有惹父母不高興的時候，不管是打破東西、在不恰當的場合製造噪音，還是跑去不該去的地方，而生氣是父母自然的第一反應。

法蘭妮受到管教時，她的父母氣呼呼地沒收她的東西。如果她因此生氣，他們就沒收更多東西。基於童年經驗的緣故，法蘭妮將憤怒與管教視爲失去的前兆。如果有人不認同她，她必然會覺得受到威脅。就典型的被動式攻擊反應而言，她會壓下自己的怒火。

所以，意思是她應該豁出去，讓大家看到她有多不爽嗎？雖然這無疑是一個選擇，而且有些人確實會這麼做，但大聲甚或暴力地表達憤怒，並不是唯一的辦法。事實上，當你選擇要表達憤怒時，大發雷霆並非必然的結果，你還有第三條路可走。

小時候，在琳達受到管教時，她的父母會管理自己的憤怒，並試著向她解釋為什麼她做的事不被接受。他們告訴她怎麼做比較好，並表示他們相信她會做得更好。換言之，他們是對事不對人。基於童年經驗的緣故，琳達有可能將衝突視爲坐下來好好談的機會，雙方正好藉機討論哪裡出錯，以及如何改進。

琳達很幸運擁有一個憤怒情緒受到正面看待的童年。然而，很多人是在愛和憤怒不能並存的家庭背景中長大，他們不知道衝突和批評如何能夠拉近人我距離，而不是築起人與人之間的藩籬。

憤怒不是我們小時候學會畏懼的唯一一種情緒。美國文化大力推崇樂觀和開朗，想想那些強調正能量的俗話吧：懂事的女孩（以及所有的男孩）不哭。在其他文化中，面臨喪親之痛的人在喪禮上嚎啕大哭，美國人則欣賞哀傷不形於色的人，頂多容許你掉一、兩滴眼淚，但你得趕緊擦乾。

我們隔絕所有不愉快的感受，不只是憤怒，還有傷痛、恐懼、焦慮，乃至於各式各樣的負面情緒。我們若無其事地說：「什麼？我？擔心？」我們盡力表現出我們的文化所推崇、褒獎的正面人格特質。

不幸的是，隔絕負面感受的同時，我們也削弱了自己體會正面感受的能力。愛、喜悅、好感、滿足等等可能讓我們心情愉快的原因，一樣需要體會的能力。最終我們變得和自己的感受很疏離，甚至不知道自己眞正的感受是什麼。所以我們表現出來的是自認「應該」要有的感受，或我們「相信」自己有的感受。換言之，我們溝通的往往只是自己非理性的思緒。這是被動式攻擊很常見的一個副作用。以下是一個例子：

> 朵洛莉絲懷著滿腔怒火，氣呼呼地來做諮商。她說她先生在別州的外甥要結婚了，他要她跟他一起去。
>
> 「你能多告訴我一點嗎？」我說。
>
> 「喔，我在那裡沒有認識的人啊。」她越說越氣。「我們跟他這個外甥從來沒有聯絡。我得去買禮物，而我對這個外甥一無所知。我得挑件衣服來穿。我得幫我們兩個打包行李。我討厭搭飛機，光想我就要暈機了。」
>
> 接著，她說了句耐人尋味的話：「可是山姆堅持要我一起去，就跟我老爸一樣。」

無獨有偶，在朵洛莉絲的諮商時間，我多次聽她提到山姆和她的父親。在我聽來，他倆似乎沒什麼共同點。我也知道她的被動式攻擊很容易就以身體不適表現出來。我說：「我們來探討一下。他倆怎麼個一樣法？」

她想都沒想就脫口而出說：「我爸老是逼我做我不想做的事。」事實上，在她生長的小鎮上，她父親是個赫赫有名的律師。他堅持女孩子要有女孩子該有的樣子，長大了才有淑女該有的樣子；叫你怎麼做就怎麼做，女孩子就該乖乖聽話。

對父親和他的管教方式的憤怒，影響到她對丈夫的要求的反應了。儘管她可能不重視這位外甥的婚禮，但陪她丈夫出席、討她丈夫歡心卻對她的婚姻有好處。在我們談話間，她看出山姆希望她出席其實是很貼心的舉動（後來證明不只山姆，他的家人都希望她出席）。這代表她是他們家的一份子——面對一樣的要求，這是截然不同的觀點，而且這種觀點立足於現在，沒有受到過去的影響。

如同許多被動式攻擊者，朵洛莉絲渴望受到接納。在這個例子中，接納就擺在她眼前，而她差點因爲困在過去，以致看不見自己受到接納的事實。

## 檢驗現實情況的三步驟

我和朵洛莉絲的談話是「現實檢驗」之一例。首先，我們檢視她先生的要求，並檢視她對這個要求的想法和感受。檢視過實際發生的情況後，我們看出她先生希望她陪同出席婚禮是一回事，她父親在小時候對她的嚴格管教是另一回事，兩者之間沒有關聯。接著，我們檢視她的結論是否成立——她的結論是先生把自己的意願以不公平的方式強加在她身上。最後，她看出他的要求不只合理，而且是一個愛的舉動，肯定了她在他們家裡的地位。

「現實檢驗」分成三個步驟，詳細的內容如下：

步驟一：辨認我眞正的感受是什麼

步驟二：評估我的感受是否切合實際情況

步驟三：重新考量眼前遭遇的情況，並予以恰當回應

如你所見，如果朵洛莉絲一開始沒有表達她的感受（亦即憤怒），並探究是什麼導致她有這種感受（步驟一），接下來的兩個步驟都不會發生。唯有經過了步驟一，她才能檢驗自己對客觀情況的評估是否正確（步驟二）。最後，她就能客觀看待同樣的情況，並根據新確立的事

實採取恰當的行動（步驟三）。

## 我有什麼感受？

我們回到法蘭妮的例子，看看這個三步驟檢驗表對她和那位女店員的互動可能有什麼幫助。首先，法蘭妮誤認自己的感受，她以爲自己很氣女店員多事。在那股怒氣底下，她眞正的感覺是受傷：女店員似乎在暗示她其貌不揚，而且不懂穿衣打扮（步驟一）。一旦認清自己眞正的感受，法蘭妮就能檢驗她的感受是否切合實際情況。實際上，女店員並沒有說她膚色差，只說藍色可能有加分作用。女店員也絲毫沒有批評法蘭妮的品味。她只是給她建議，善盡店員的職責（步驟二）。若不是自卑作祟，法蘭妮可能就接受女店員的建議了，或至少願意考慮她推薦的洋裝（步驟三）。

在下一章，我們會更詳細地探討親近情緒的辦法，即使這些情緒多年來都埋藏在你內心深處。

## 事情的真相是什麼？

釐清眞相可能是最困難的部分，因爲這部分往往牽涉到童年創傷。你必須讓童年創傷浮上檯面，別騙自己那些想起來就害怕的創傷「已經是陳年往事了」或「早就過去了」。除非你正視心裡的感受，完成自我療癒，否則過去的事永遠不會過去。

貝琪是典型的傑出員工。身爲律師助手，謹愼是她的優點，但不管是什麼資料，她都要檢查個十遍，找出可能出錯或遺漏的地方。而且在她「把工作做好」的時候，只要有人打斷她，她就會暴怒。除此之外，她總是對自己的工作表現很焦慮。多數時候，老闆對她只有讚美，但偶爾遭到批評時，她就久久不能平復。她一遍又一遍檢討自己的工作，想知道自己怎麼會出紕漏。

問她爲什麼要逼自己逼得這麼緊，她開玩笑說在她父親眼裡，不是滿分就是零分。她說的是眞的，但這可不是開玩笑的。不管再怎麼努力（而且她可是拚盡了全力），貝琪永遠得不到父親的肯定。就算她拿出最好的表現，他永遠挑得出毛病。她從沒想過這可能是一種激將法，他挑毛病是爲了激勵她。

結果就是貝琪的童年過得很焦慮。她母親凡事都留給父親做決定，所以除了更努力之外，貝琪似乎別無選擇。時至今日，貝琪還是只知道要更努力。

回顧過往是釐清眞相的一個辦法。

練習6

## 重訪關鍵的童年經驗

1. 找一個能讓你安靜獨處二十到三十分鐘的地方。
2. 帶日記本、平板電腦、筆記型電腦、或任何可用來記錄想法和感受的工具過去。
3. 深呼吸幾口氣，讓自己沉澱下來。
4. 閉上眼睛，回想你的童年。成長過程中，你記得自己目睹過什麼情緒？
5. 在你的記憶中，人難過時怎麼辦？焦慮時又該怎麼辦？
6. 你的家人如何處理傷痛？
7. 你生氣時，父母作何反應？
8. 你哭泣時，父母作何反應？

另一個釐清眞相的辦法是跳開來看。從不同的觀點自我檢視，當事人可藉此對自己和自身問題有更全面的認識。對被動式攻擊者和他們身邊的人來說，這個辦法特別好用。對於了解別人的想法而言，這是一個間接但相當有效的辦法。

感恩節就要到了，今年輪到和蘇珊的家人一起過節，亨利拖拖拉拉不想去，蘇珊很確定是因爲亨利不喜歡她的一個弟弟。上次到她父母家過節，他們兩個吵了一架。亨利堅稱不是這個原因，但他似乎不想多談。這幾個星期以來，蘇珊常常累得不想做愛。蘇珊近來加班的頻率很高，亨利開始懷疑她在公司是不是有了別人。

一天晚上，她過了十一點才回家。他大發雷霆指責她背著他偷吃。震驚之下，蘇珊脫口說出實話：「我加班是爲了能帶孩子們去爸媽那裡過感恩節。你如果不想去就待在家。」

他們終於坐下來談。搞了半天，亨利擔心的是四張機票的花費。蘇珊的父母家離他們很遠。他查了他們的户頭，他擔心一年後他們家老大上大學的學費。至於蘇珊之所以加班，則是爲了解決眼前的問題——多賺一點加班費，這樣他們就有足夠的錢，全家人都能一起去過節。有了這次教訓，他們決定以後要更常溝通彼此腦袋裡真正的想法是什麼。

推敲別人真正的想法是釐清真相的重要辦法。你的同伴如果忘了買購物清單上的東西，這真的代表她從來不把你的需求放在心上嗎？會不會是她搞丟了購物清單？或者那件東西的價格太高？或她單純只是忘記了？如果你覺得工作負擔太重，是你的老闆要求太多嗎？他知道你覺得負擔過重嗎？其他人的工作量跟你一樣嗎？你有沒有開口求助過？

練習 7

## 把話說開

在蘇珊和亨利的例子當中，實話是在爭吵間脫口而出，但了解他人真正的感受可以透過更有條理的方式達成。下次和同伴或同事起衝突時，請對方和你玩一個遊戲。雙方各拿一張紙，寫下自己認為問題出在哪裡，寫完就交換字條。

對陷入被動式攻擊關係的夫妻和情侶來說，這個練習特別有用。你們或許可以把它當成星期五晚餐的固定活動。雙方各自寫下近來對彼此有什麼想法，寫完就交換字條，接著好好聊一聊。

釐清實際情況的祕訣在於坦誠地尋求真相。告訴你太太（或任何你想問的人）你真心想聽實話，無論答案是什麼，知道真相對你們雙方來說都比較好。

以亨利的例子而言，如果蘇珊真的背著他偷吃，他一定會很受傷，但至少他不用再活在謊言之中。而正如亨利的情況，事實可能證明你誤會了，你太太是想和你一起走下去的。

我們再試試另一個例子。假設你覺得自己實在長得其貌不揚，要跟人確認這一點是比較困難，但也不是不可能。如果直接問人你是不是長得不好看，你很可能得不到誠實的答案。如果你要對方誠實回答你，那可能只是害對方很尷尬而已。但你可以告訴對方，你想盡力呈現出自己最好的一面，就說你想尋求一些改善「門面」的建議好了，問問對方有沒有什麼建議。如果是用這種問法，你肯定能問出一些實話。

## 重新考量眼前遭遇的情況

我們重溫一下第一章當中的辦公室場景，運用「現實檢驗」的技巧來看看這件事情。還記得菲爾是一家行銷公司裡某個小組的組長，組員戴夫是令他頭痛的問題人物。每週五的重要會議，戴夫總是遲到，也總是用一樣的藉口：他剛接了一通重要客戶的電話。在菲爾看來，戴夫自認比其他組員優秀，他從不和其他組員打成一片，從不參與意見回饋，從不跟大家往來，開會遲到是他表示「我比你們更大牌」的方式。菲爾處理這個問題的辦法，是在某一個星期五故意比戴夫更晚到，並揶揄戴夫的拖延行爲。

說來遺憾，菲爾徹底誤會了，戴夫其實對小組會議很畏懼。小時候，對他過度保護的媽媽要他遠離大部分的團體活動，她也對他有不切實際的超高期望。戴夫每星期都遲到，因爲他得鼓起勇氣才能去開會。他總是深怕自己說錯話出糗。菲爾採取被動式攻擊的策略來回應，結果導致眞相無法浮上檯面。而菲爾的揶揄讓戴夫很難堪，也讓他的孤立處境（以及工作表現）更惡化。

## 其他導致被動式攻擊的典型思考謬誤

日復一日喜怒不形於色的家庭和團體多得不可思議。除了憤怒以外，我們也拚命忽視或隱藏自己的焦慮、恐懼和憂傷。思考謬誤讓我們把眞實的情緒藏得遠遠的。以具有被動式攻擊人格的人而言，以下是他們典型的一些思考謬誤：

| | |
|---|---|
| 放大自身缺點的思維 | 我什麼都做不好。我無能／一文不值／不可愛（請自行代入形容詞）。反正我覺得自己是個失敗者，不管別人說我有什麼長處，我一定有哪裡不好。 |
| 完美主義的思維 | 什麼都要做到完美，我才能滿意。我受不了一點點的瑕疵或缺失。 |
| 界線模糊的受害者思維 | 我或許覺得自己過度操勞或不被珍惜，但我永遠也不會說「不」。我先生／太太／老闆／朋友想從我這裡得到的太多，一個要求接著一個要求，他們好像從來都看不見我有多累或壓力有多大。 |
| 討好他人的思維 | 我要讓每個人都喜歡我。從別人那裡得到的認可越多，我對自己的感覺就越好。 |
| 悲觀／抗拒的思維 | 工作量和生活壓力讓我無法招架，我好像總是在為微不足道的小事拚命。情況永遠不會改善，我常常很絕望。人生就是這樣——至少我的人生就是如此。 |

| 無能為力的思維 |
| --- |
| 這不是我要的人生。我每天焦頭爛額，顧家、顧孩子、顧老闆，每個人都跟我作對，我怨恨這種生活，但我又能怎麼樣？ |

這些思維模式有可能把你眞正的感受隱藏起來，包括憤怒在內。你會注意到在這些描述當中出現多少極端的字眼，像是「什麼都做不好」、「永遠也不會」、「總是這樣」。如果這張表格反映了你的思維，是時候想一想實際上眞相是什麼了。

## 受害情結

由於守住一段關係對他們來說是那麼重要，有被動式攻擊行爲的人可能習於壓抑自己的憤怒和負面感受，到了淪爲長期受害者的地步。如果事情出了差錯，他們馬上就會怪罪自己。而且，他們寧可跳下懸崖也不會說「不」。他們大可在身上穿一件文字T恤，胸前印有紅通通的「都怪我吧！」幾個大字。

有些人覺得當烈士或受害者是博取關注的唯一方式。然而，做盡別人要求的一切，結果卻往往造成別人的愧疚，最終導致對方積了滿腔怒火，而不是換來你期望得到的感激。與此同時，你的需求一直沒有得到滿足——你沒有提出要求，所以當然得不到任何回報。而在內心深處，你自己的憤怒和埋怨也是越積越多。在這種情況下，沒有人真的快樂。

如果這種模式聽起來很熟悉，你要知道自己不必一直這樣下去。下一次有人請你幫忙，無論是多瑣碎的小事，就算只是請你倒杯咖啡，在回應之前先深呼吸兩口氣。當你其實可能想拒絕時，你需要阻止自己直覺地（而且消極抵抗地）說「好」。

在回覆之前，暫且評估一下對方的要求或邀請。你樂意做這件事嗎？如果不樂意，鼓起勇氣大膽說「不」。你不需要解釋一大堆，只要簡單說一句：

「抱歉，我現在分不開身，我的行程滿檔了。」

「你知道，我不是足球迷，所以球賽的票就免了。」

「謝謝你想到我，但是不用了。」

心裡想拒絕，嘴巴上卻說「好」，或許避免了衝突，但卻造成自己內傷，並給予對方錯誤的期望——對方會期望你凡事百依百順。你必須設下並尊重自己的界線（我們在第四章會探討這個主題），不能指望別人代替你這麼做。

舉例而言，如果有人邀我週末參加某個活動，在回覆之前，我會先考慮幾件事：

- 這是我想參與的活動嗎？
- 我喜歡和這個人相處在一起嗎？
- 這週末有沒有別的事可能和這個活動撞期？
- 我的精神好不好？這星期我是否工作得很累？週末是否需要一些私人時間充電一下？

## 自我中心

很多人只從自己的角度看世界，如果別人對他們生氣，他們就覺得很困惑、很受傷，殊不知他們的被動式攻擊行爲才是問題的根源。

馬蒂和凱特一起在一家書店工作。一天早上，凱特一進店裡，馬蒂就請她幫忙：「小說類有一堆新到的二手書要上架，我知道你可能有別的事要做，但你可以處理這件事嗎？」

「當然。」凱特說。

「這件事很重要，麻煩你盡快處理。」

凱特看看她辦公桌上的留言，打了幾通電話。有幾個人詢問實用類書籍的相關資訊，她花了一點時間找書、聯絡讀者，轉眼就到了午餐時間。

凱特吃完午餐回來之後，馬蒂又來她的辦公桌，把沒上架的書都裝到推車上。

「如果你沒時間，我不知道你爲什麼要說你可以處理。」馬蒂說。

凱特很訝異馬蒂不高興。「我不曉得這件事有這麼急。」

馬蒂搖搖頭，現在她更不高興了。「我說了『麻煩你盡快』。」

「是，我已經盡快了啊。」凱特回應道：「我桌上有幾件事要處理，一下子走不開。如果那麼重要，我現在就來上架。我不知道你爲什麼要生氣。」

「算了。」馬蒂說完就帶著書氣呼呼地走開了。

在這個例子中有幾個被動式攻擊的線索可循：(1)面對馬蒂的請求，凱特隨口就說「當然」，想都沒想她今天有什麼待辦事項。(2)凱特拖拖拉拉不去做馬蒂要求的事，整個早上她一件事接著另一件事，然後就去吃午餐了，馬蒂要求的事甚至都沒掠過她腦海。(3)馬蒂一生氣，凱特自動生出一個藉口：「我不曉得這件事有這麼急。」實際上，如果她把馬蒂的話聽進去，她自然知道這件事的輕重緩急。

## 拋開錯誤心念的操控

導致被動式攻擊行爲的錯誤思維模式對你沒好處。一旦讓這些小時候形成的非理性心念左右了成年後的行爲，你的人生之路會充滿不必要的波折，你的人際關係會因此受損，你會在周遭旁人的心裡留下一堆挫折和問號。

但容我再重複一次：這些心念是你創造出來的，所以你有力量改變這些心念和思考模式。下次覺得自己落入不愉快的處境時，深呼吸幾次，放鬆下來沉澱思緒。以下是可能有助你得到正面結果的幾個步驟：

| | |
|---|---|
| 步驟一：描述情況 | 發生了什麼事？<br>誰在現場？<br>他們說了什麼、做了什麼？<br>你說了什麼、做了什麼？ |
| 步驟二：我有什麼反應？ | 是什麼讓你不高興？<br>你的腦海浮現哪些念頭？<br>你的心情如何？<br>身體的知覺感受如何？ |

| | |
|---|---|
| 步驟三：現實檢驗 | 這個情況的事實真相是什麼？<br>公正的旁觀者會怎麼看？<br>哪些事實支持你的反應？<br>哪些事實顯示你的反應不對？ |
| 步驟四：看看事情的另一面 | 對方可能有什麼感覺？<br>對方表現出什麼情緒？<br>這些情緒代表什麼意思？<br>就事實真相而言，這些情緒有沒有道理？ |
| 步驟五：考量結果 | 你有什麼別的選擇？<br>哪一個選項最能滿足你的需求，並符合你設下的界線？哪一個選項滿足了對方？<br>整體而言，哪一個選項最有幫助？<br>針對一開始的想法和感受，你經由這個練習學到了什麼？ |

不妨透過寫日記，記錄你採取這些步驟的不同情況。久而久之，你會看到自己漸漸能辨認並捨棄那些對人生和人際關係沒有幫助的心念。

練習 8

# 改變兒時奠定的思考模式

當兒時奠定的非理性心念左右了你成年後的行為，你可能會發現自己的頭腦和想法就是你最大的敵人。你可以透過這個練習，辨別對幸福、成功和心理健康有害的想法。一旦認清了這些想法，你就可以化敵為友，並改善你的人生。

**1.** 回顧在本章中列出的思考謬誤類型表，何者最接近你自己的行為？寫下符合的類型，為每一項預留充分的填寫空間。是時候誠實面對自己了。

**2.** 在每一個思考類型底下，回答這個問題：「這種念頭給我什麼感覺？」舉例而言，當你認為自己無能、不可愛或一文不值時，你的身體和情緒有什麼感受？

**3.** 想想你是怎麼形成這種心念的。有人這麼說你嗎？你的決定是否以這個人的言行舉止為準？

4. 現在，想想和你的每一個心念相反的情況。如果你覺得自己是個失敗者，就寫下你成功的地方。如果你覺得自己無能為力，就假裝你能掌握自己的人生，寫下這樣的你會做些什麼。在寫下這些反面陳述的過程中，注意一下自己的感覺。你的心裡是否產生任何變化？

5. 回到原本的陳述上頭，問問自己：「抱著這種心念，對我的快樂或成功有幫助嗎？」如果沒有，就把它從你的清單上刪除。

6. 想想有什麼不同的做法能改變這個模式。哪一種思考模式有助你的成功和幸福？你有改變的力量。

7. 為了強化新的想法，列一張分成兩欄的表格，舊的想法寫在上欄，新的想法寫在下欄，貼在方便你查看的地方。如果發覺自己又用舊的模式看待人生了，就去看看下欄的新模式，觀察一下你的感受有什麼變化。

| 舊想法 | 新想法 |
| --- | --- |
| 吃喝玩樂浪費時間。 | 休息是為了走更長遠的路。 |

## 面對被動式攻擊者，你可以跟對方把話說開

在我們的社會中，壓抑自己的感受是很普遍的現象，所以我相信第二章對任何人的身心健康都有幫助。身心健康改善了，對人生各方面的滿意度也會隨之提高。身爲在被動式攻擊者身邊的人，你可能要面對特別的挑戰。

無庸置疑，有時候你一定對你的同伴表現出來的行爲很困惑。對你而言，「現實檢驗」意味著設法釐清對方眞正的用意。如果你太太晚餐遲到了，她是故意想讓你又氣又急的嗎？她自己是不是在生什麼氣？她給你的說詞是什麼？聽起來像實話嗎？

對付被動式攻擊行爲，你可能需要挑戰對方的行爲和動機，比方詢問對方：「我感覺事情不太對勁。我們可以聊聊嗎？」

有時候，你們可能只是在說話，談話內容看似稀鬆平常，對方卻突然激動起來，或自我防衛起來。說不定是你在不經意間碰觸到過去的陰影，引發對方不舒服的感受。再怎麼苦思你說錯什麼或做錯什麼，也只是白費心思而已。

想想朵洛莉絲的先生山姆，他無非就是請他太太陪同出席外甥的婚禮，這要求不算過分吧，他甚至想藉此機會出遊，夫妻倆開心地玩一玩。山姆就算想破了頭，恐怕也想不透朵洛莉絲在不高興什麼。而朵洛莉絲之所以不高興，是因爲丈夫的請求讓她想起小時候當她還住在家

裡，父親對她有著不合理的要求。

發生這種情況時，務必提醒自己，對方的情緒反應和你或許完全沒有關係。如果可能就把話說開，否則就放下你的內疚。這不是你的錯。

發展出被動式攻擊行爲模式的人有一些特徵，例如：

- 衝動魯莽，挫折忍受度低
- 易怒
- 人際關係失衡的情形終其一生不斷循環
- 消沉、被動
- 怨恨
- 活得不快樂，視人生爲折磨
- 自卑
- 情緒或言語虐待

一旦體認到被動式攻擊對你的人際關係造成的阻礙，並能迎接挑戰、把話說開，你的人際關係就能有所突破。如果採取把話說開的做法，你必須指出對方有什麼被動式攻擊行爲，並且逼迫對方予以回應。在接下來的例子中，一對夫妻努力要解決妻子不替別人著想，以及長期依賴被動式攻擊行爲的問題。

每個星期五，在忙碌了一個星期的尾聲，娜塔莉和比利喜歡去外面餐廳吃個午餐，趁午休放鬆一下。他倆一起經營一家小公司，某個星期五，兩人都忙得不可開交——文書工作、突如其來的電話、員工的問題等等，導致娜塔莉忙得特別晚。等他們到車子那裡時，時間已是下午兩點半。

比利說他餓到虛脫，甚至眼冒金星。爲了他著想，娜塔莉說她會盡快開車到餐廳，趕緊緩和他的不適。然而，車子一開出去，音響傳來歌曲，娜塔莉的思緒便飄到他們在忙的案子上，餓到眼花的比利就被她拋諸腦後了。高速公路還滿空的，他們要去的餐廳車程大約十五分鐘。

娜塔莉可以超過前面的車輛，但是她沒有。她一邊沉浸在自己的思緒裡，一邊心滿意足地跟著車陣走。比利氣急敗壞地說：「拜託，超過這傢伙，我們衝吧！」娜塔莉瞥了一眼時速表，回他一個當下冒出她腦海的藉口（或者說理由）：「我通常不會開超過時速七十公里。我不喜歡超速。」

對她的被動式攻擊作風很敏感的比利立刻指出問題，他說：「你或許是眞的不愛超速，但你現在只是慢吞吞跟著車陣走，沒在管我需要趕快吃點東西。」正常來講，娜塔莉會自我防衛起來，堅守她本來的藉口，但她現在漸漸意識到自己被動式攻擊的傾向，而且她想改變自己。她誠實地想了想自己的行爲，判定比利是對的。

她很不好意思承認，但她確實沒有替丈夫著想。不出幾分鐘，她就忘了他餓得難受，自顧自沉浸在她的世界裡，沒意識到他面臨的危機。當下，她沒把他的痛苦放在心上，而她的行爲反映了這一點。

她決定和比利分享她的想法，坦承自己的疏失。令她訝異的是，比利立刻氣消了。儘管情況令人不悅，儘管他但願不必生氣、不必開口要求，娜塔莉就能替他著想，但他很欣慰她沒再繼續編藉口，也沒有自我防衛，反而承認了自己的想法和行爲。

練習 9

## 遇到問題時，先釐清事情的情況

以前述的現實檢驗三步驟為基礎，在受到被動式攻擊影響的人際互動中，這個練習可助你釐清實際情況。

1. 找一個能讓你安靜獨處二、三十分鐘的地方，帶可以用來記錄思緒和感受的紙筆或數位裝置過去。
2. 盡可能客觀地描述狀況。每個人確切說了什麼？做了什麼？旁觀者會怎麼描述這件事？
3. 你自己作何反應？是什麼惹你不高興？事發過程中，你的身體有什麼感覺？心裡有什麼情緒？腦海有什麼思緒？
4. 你的同伴作何反應？對方看起來是否不高興？就你的觀察，對方在肢體上或情緒上有什麼表現？
5. 你認為發生了什麼事？設想一下對方在事發過程中的想法和感受。

**6.** **檢視證據。綜合這件事和你過去的經歷，事實說明現在是什麼情況？**

**7.** **和對方分享你從這個練習得到的發現，給對方一個回應的機會。**

在這一章當中，我們看到兒時形成的非理性心念如何掩蓋掉我們眞實的感受。我們看到這些思想體系如何影響我們看待世界的眼光和待人處事的方式。最後，我們學到如何檢驗及評估這些思想體系，並開始拋棄那些對我們的成功與幸福沒有好處的心念。在下一章，我們要學習一些重新連結身體知覺與內心情緒的技巧。

# 3

# 傾聽身體的訊息

梅根和提姆都是再婚。梅根第一段婚姻的三個孩子跟他們生活在一起，提姆的兩個孩子則是每月來度兩個週末，外加暑假來待四個星期。提姆身兼兩份工作以維持家計，梅根則負責打理家務和照顧小孩。她也把家裡的廚房當成客服接線工作室，爲當地兩家公司處理客服電話。

梅根忙得焦頭爛額，但她從無怨言。她的第一任丈夫棄她而去，讓她下定決心非留住提姆不可——她沒注意到的是，自己在第一段婚姻中也是從不抱怨，但前夫還是離開她了。當梅根只需處理家務、工作和自己的孩子，雖然壓力很大，但她還忙得過來。當提姆的孩子來度週末，那就另當別論了。他們來訪時，提姆經常都不在家，所以她得獨自應付五個小孩。提姆的小孩又不像她的小孩那麼乖，而她覺得如果由自己來管教他們，那她恐怕會害自己惹上麻煩。

近來，他們來訪甚至會引起她身體上的不適。在他們抵達前幾小時，她就開始頭痛。只要有他們在，她就食不下嚥。有個週末，她找了保母來顧孩子，自己則躺在床上休息，提姆爲此氣得火冒三丈。所以，她現在索性丟著他們不管，有時她根本不知道他們跑到哪兒去了。晚餐上菜時，如果他們不見人影，她就讓他們自己想辦法。她很羨慕提姆的前妻喬吉雅。喬吉雅趁孩子不在的週末和新男友約會。八月時，她的孩子要來跟提姆和梅根一起過，因此她計畫去義大利度假。對著五個孩子，梅根不知道她要怎麼熬過那一個月。

梅根顯然與自己的感受隔絕，我們也不難看出她的行爲有被動式攻擊惡性循環的痕跡。照顧提姆的孩子多出的額外負擔，她沒提出來和提姆討論，或至少請他一起分擔，而是任由這份負擔和她的憤怒日漸累積。他們還是小孩子，丟著他們不管並不是一個恰當的解決方案。更有甚者，她也忽視了自己身體發出的警訊，頭痛和食慾不振都是在告訴她：你需要幫助！你需要正視被你忽視的感受，並據以採取行動。

在上一章當中，我們看到人往往在小時候就學到自己不該表露負面情緒，尤其是憤怒，我們也看到這種迷思如何促成被動式攻擊行爲。在這一章，我們要來看看身體如何幫助我們跳脫這種窘境，只要我們願意多加注意。首先，我們來看看如何親近自己的情緒，以增進心理的健康。

## 正視情緒所傳達的訊息

情緒是一種天賦，它告訴我們周遭的一切對我們有什麼影響，它讓我們知道我們的界線受到侵犯了，或我們的需求沒有得到滿足，如此一來，我們就能據以改善情況。如果忽視這些情緒（這是被動式攻擊惡性循環的一大特徵），那麼情況就會一直停留在糟糕的現況。

## 界線的作用

人都有界線，而每個人的界線並不一樣，這些界線是用來保護自己有形的身體，以及無形的小我和身分認同。設下健康的界線，能讓我們在這世上有安全感。一旦有人越界，我們就會覺得受到威脅。

假設你在散步，一名溜滑板的青少年沿著人行道朝你滑過來。他盯著自己的腳，所以沒看到你。他的兩個耳朵都塞了耳機，所以聽不到你的警告。你在千鈞一髮之際閃開，儘管他的手臂擦撞到你的胸膛，害你一時失去了平衡。當下你可能感覺全身一陣緊繃，這是大腦內建的戰或逃機制在發揮作用。在人類還過著叢林生活的時代，夜裡充滿了危險，老祖宗就靠這種機制保命。

不管是心理還是身體受到威脅，都會牽動一樣的反應機制。這些威脅成爲讓人生病的一大原因。高血壓、潰瘍和癌症都和戰或逃機制有關。研究顯示，長期存在的壓力是老化和生病的幫凶。

顯然，頭痛和食慾不振顯示體力上的負擔超過梅根的底線——她太操勞了——但她的小我也面臨威脅。別人的不尊重有損我們的自我價值感。以梅根而言，提姆的孩子擺明了不尊重她，提姆則是間接不尊重她。尊重的界線也有演化上的根源。在部落時代，維持對部落的尊重是不可或缺的生存要素。最後，梅根的自我形象也面臨危機。她顯然很珍惜人妻和人母的角色，但在這些情況下，她變得無法扮演好她的角色。

當小我或自我形象受到威脅，有些人的反應是大發雷霆，激烈地捍衛自己。被動式攻擊就不是這麼回事了。面對界線受到侵犯的情況，被動式攻擊的因應策略是生悶氣或克制情緒。身體的不適也是一部分的戲碼。

練習10

## 探索上一次生氣的原因和反應

**1.** 找一個能讓你安靜獨處十到十五分鐘的地方。回想你上一次生氣。

**2.** 仔細回想來龍去脈。是什麼言行舉止激怒了你？有別人牽涉其中嗎？還是你對自己很生氣？

3. 回顧前述有關界線的討論，看看能否用來解釋你的憤怒。是有形的界線受到威脅，還是你的小我受到侵犯？你的自我意識是否受到傷害、威脅、或不受尊重？

4. 你有沒有表達自己的憤怒？若有，你是怎麼表達的？如果沒有，那你做了什麼？

5. 花些時間探究自己的憤怒，了解憤怒的原因，這麼做有很大的好處。

## 辨識未能滿足的需求

情緒也能幫助我們辨識未能滿足的需求。除了食物、衣服和一個遮風避雨的地方，我們還有許多情感或社會需求。在被動式攻擊的循環中，常見的情形是你太專注在自己的需求上，因而看不見周遭旁人的狀況。下列的主要情感需求檢核表，既可用來清點自身需求，亦可用來評估周遭旁人的需求。

## 情感需求檢核表

| | |
|---|---|
| 關注 | 因為你對我來說很重要，所以我專注在你和你說的話上。 |
| 情意 | 我們喜歡透過擁抱和肢體接觸來表達內心的溫情。 |
| 感激 | 我知道你為我的人生帶來很多收穫，你對我來說甚至因此更重要了。 |
| 接納 | 我知道人都有優缺點，我認同你真正的樣子，並給你成長的空間。 |
| 可靠／可親 | 你向來都是我的第一順位，當你需要我，我會在你身邊傾聽你的感受，只要可以就回應你的需求。 |
| 相應／相守 | 在我眼裡，你我心心相印、情誼長存，我哪兒也不去。 |

練習11

## 清點你的情感需求

**1.** 帶著這張檢核表，到一個可以安靜獨處至少十五分鐘的地方。

**2.** 檢視表格上的內容，看看你的生活中有沒有什麼未能滿足的需求。

**3.** 用紙筆或數位裝置寫下那些未能滿足的需求。身邊的人能做些什麼來改善情況？

**4.** 現在，想想周遭旁人，你能做些什麼來滿足對方的情感需求？列一張清單。這是腦力激盪，所以順序不重要。

**5.** 一旦有了這張清單，你就可以有條理地擬訂計畫。之後請務必回頭看看自己做得如何。

**6.** 和周遭旁人分享你自身的需求，並提出對方要怎麼做才能讓你更有安全感。

## 壓抑憤怒的代價

一旦壓抑自己的情緒，沒去傾聽這些情緒所傳達的訊息，你一定會面臨一些後果。由於憤怒是被動式攻擊循環中舉足輕重的一環，我們就從憤怒談起。

除非我們正視它、釋放它，否則憤怒永遠不會消散。它化身爲被動式攻擊及其他適得其反的行爲、習慣、癖性，甚至是疾病。當我們無法管理自己的憤怒，我們就失去了發言權，連帶失去自尊和自信。我們不捍衛自己的界線，不提出自己的要求，反倒讓別人代替我們做決定。沒有誠實就沒有親密，而這樣的我們並不誠實。

父母太常教孩子不要表達憤怒，因爲他們自己就對這種情緒很不自在。孩子要麼沒看過父母生氣，要麼憤怒總是和咆哮、傷害和驚嚇連結在一起。無論是哪一種情況，孩子都要爲這種令人不舒服的感受尋求解決之道。

## 不實的自我

孩子往往會發展出「不實的自我」，創造一個他們認爲父母師長會接納、會喜愛的兒女或晚輩。這是一種高超的適應技能，爲孩子提供了度過難關的生存資本。但如果長大成人之後（亦即不再有這種必要的時候）還是這樣，我們就可能要付出災難性的代價。在不實的假面底下，我們和自己眞實的感受越離越遠。我們隨時隨地都像個傀儡，表現出「好男孩」或「好女孩」的言行舉止。這些孩子長大後，往往成爲被動式攻擊界所充斥的「助人者」、「討好者」和「犧牲者」。梅根是典型的犧牲者，也具有典型的「不實的自我」。這個不實的自我可能在她小時候就日漸成形，阻礙了她接近自己眞實的感受。

但儘管這個不實的自我從不生氣，「眞正的你」卻必須消化所有受到壓抑的憤怒。把自己的感受藏到不見天日的地方，無異於藏起眞實的自己，別人對我們的認識可能就很粗淺、很浮面，因爲比較深刻的感受與個性都被我們藏起來了。

## 對自己的眞實情緒感到羞恥

禁止孩子表達內心感受也會養成羞恥感——不僅對自己的情緒感到羞恥，也對自己不知如何表達情緒的不安與困惑感到羞恥。在被動式攻擊者身上，你會發現在各種信手拈來的藉口、理由與防衛背後藏著滿滿的羞恥感。

當人覺得自己做錯了事情，心裡就會產生內疚的感覺。當人覺得自己本身就是一個錯誤，心裡則會浮現羞恥的感受。由於孩子沒辦法把他們的感受和自我形象分開，一旦心裡產生不好的感受，孩子就會得出是他們自己不好的結論。所以當你犯了錯、能夠糾正錯誤時，心裡會浮現內疚的感覺，而當你把自己視爲錯誤、認爲是你本身不好時，羞恥的感覺就成形了。或許因爲父母看到小孩哭就手足無措，所以父母往往會鼓勵孩子「別哭」。無論是什麼原因讓孩子落淚，父母師長都會跟他們說「那沒什麼好哭的」。

## 未被消化和釋放的情緒，身體會記住

當你陷在被動式攻擊的循環中，面對情緒最自然的反應就是對它視而不見。如果你的心理構造是一根管子，被你棄之不顧的情緒直接從管子另一頭溜出去，不會造成任何傷害，那就不成問題。但人的心理構造比較像是一個膨脹的袋子，除非你正視這些情緒、接收它們傳達的訊息，並加以化解、釋放，否則它們就一直裝在袋子裡。對某些人（尤其是被動式攻擊者）來說，他們的袋子可能脹得很大。揹著這個袋子可是很沉重的負荷，想想你爲此耗費的精力吧！

人體處理有形傷害的方式則直截了當得多，傷口會按照一連串的步驟癒合。假設你割到手，接下來血管就會收縮，以減少失血量，血小板或凝血素率先做出反應，封住傷口不讓傷害擴大。白血球火速趕來，摧毀細菌或病毒。傷口會痛上一陣子，但不久就會長出新的皮膚細胞，最後傷口癒合、疤痕消失不見。

就跟生理構造一樣，心理構造知道需要做些什麼來療癒情緒創傷。然而，當我們把情緒都塞在袋子裡，療癒的過程就無法展開。而且，傷口潰爛得越久，我們受到的傷害就越多。每當人生中又發生類似的事件，舊有的情緒就會再次浮現、帶來痛苦，設法引起我們的注意，直到我們解決爲止。這些傷口想要癒合。然而只要我們繼續壓抑下去，傷口就會痛個沒完。

療癒過程中很重要的第一步，就是和情緒（尤其是憤怒）共處，傾聽它想告訴你的訊息。接下來，我就是要請你這樣做。相信我，我知道這對陷入被動式攻擊循環的人而言有多困難。但我也知道，如果你不和你的憤怒及其他情緒共處，如果你不把它們從袋子裡拿出來、好好感受一下，並展開療癒的過程，它們還是會回來造成你的痛苦，破壞每一段你試圖建立的關係。你會發現自己不斷重蹈覆轍，原來的創傷一再歷史重演。如果你交往過一個有虐待傾向的對象，你會發現自己一次又一次受到虐待狂的吸引。道理就是這樣。

我們能爲孩子做的，就是提供一個可以表達內心感受、彼此可以坦言不諱的安全成長環境。這是給孩子一個安全的家唯一的辦法。在這樣的家庭裡，孩子不必成天揣測父母的心情，推敲父母眞正的用意。壓抑憤怒和其他情緒的教養方式，只會迫使孩子揹著一袋子的情緒長大成人。更糟的是，他們從沒學到如何處理自己的憤怒、如何解讀憤怒要傳達的訊息，乃至於如何善用他們從自身情緒學到的東西，來和自己在乎的人建立更深刻的感情。

## 療癒受傷的內在記憶

對背負著這種包袱長大的人而言，好消息是展開療癒所需的資訊都還在我們身上。除了有形的傷疤，我們的身體也會留下憤怒、恐懼和哀傷等情緒創傷的痕跡。藉由探索身體的知覺感受以及相關的情緒，我們就能重建過去、找到根源，從而將自己釋放出來。身體蘊藏著豐富的資訊，而且身體從不騙人。透過準確地傾聽身體的聲音，我們可以重新養成親近內心感受的習慣。你的人生可能受到被動式攻擊模式的支配，然而新的反應策略將取代舊有的模式。

要能聽見身體的聲音，關鍵在於正念。正念能幫助我們擁抱眞實的感受，包括憤怒和其他痛苦的情緒在內。正念的技巧是用身體及感官知覺作爲通往內在的媒介，讓人一探內在世界蘊藏的衝動、情緒、感受、思緒和心念。

傾聽身體的聲音能幫助你：

- 明白自己的界線被踩到了：如此一來，你就能採取恰當的行動。
- 更清楚自己的需求：一旦知道自己要什麼，你就能提出要求。
- 辨識痛苦的情緒：受到壓抑的情緒持續耗損你的心力，了解這些情緒將減輕你的負荷。
- 揭露你的想法和心念：認清自己是怎麼想的，有助你放下對身心健康無益的想法。

藉由練習正念，久而久之，你將越來越能觸及近在咫尺的內在資訊，包括：

- 感官知覺和肌肉張力
- 心情和情緒
- 想法和心念
- 回憶和意象
- 憂慮和論斷
- 慾望和衝動

正念帶領你通往更誠實也更滿足的人生；正念是一把開啟被動式攻擊牢籠的鑰匙。

## 與當下同在

想到「心不在焉」這個成語，浮現我們腦海的會是一個打混摸魚、丟三落四、迷路、忘記有要務在身、聊天跳針的人。我想到的是卡通人物脫線先生（Mr. Magoo），雖然他的根本問題在於近視，但他還是過得糊里糊塗，渾然不知周遭發生什麼事。一副好的眼鏡就能幫上脫線先生的忙，而我相信正念練習對你也有一樣的幫助。

正念是一種專注在當下的練習，它讓我們把全副心思放在當下所見、所聽、所想和所感。身而爲人，我們的思緒常常飄到過去或未來。正念則是活在當下，不被任何脫離當下的事物盤據心思或分散注意力。正念的另一個重點在於不論斷是非好壞，純粹觀察自己的想法和感受，如此一來，就能避免我們因爲不喜歡當下的感受，而產生遠離當下的反應。

佛教徒用正念來達到更高的自覺。他們想避免自己只是走馬看花地「度過」情緒起伏。佛教徒的修煉也包括以好奇的眼光看待當下：我們此時此刻有什麼感覺？爲什麼有這種感覺？

許多人卻反其道而行。他們滿腦子都是過去和未來，從來不曾充分體會當下的一切。當你對內心世界的一切渾然不覺，就這樣度過人生，你就意識不到你的問題可能是自己做了什麼所致。另一方面，你不僅會忽略自己的憤怒和其他負面情緒，也會錯過生活中許多的喜悅和樂趣。

## 正念靜心

如果你想改變人生，不再落入被動式攻擊的循環，正念不只是你的工具，也是你的責任。無論被動式攻擊的思想框架是怎麼告訴你的，你並非束手無策，你不是只能任人擺佈的受害者。你有自由意志，你有改變的力量，你可以決定自己看待這世界的方式。聚精會神注意自己的一舉一動——不只注意自己做了什麼，也注意自己的想法和感受。這麼做有助你對自己的憤怒做出恰當的回應，而恰當回應憤怒是脫離被動式攻擊關鍵的一步。

好，你不禁要問：「可是我要怎麼從現在的處境走出來？」不妨這樣想：你已經跨出第一步了。無論是陶醉於夕陽美景，還是內心受到強烈的激盪，抑或只是一個寧靜的片刻，當你發覺自己沉浸在當下，不妨留意一下那些喧騰的雜思是如何消失無蹤，你和自己的感受是多麼緊密相連，你是多麼深切體會到「活著」的感覺。現在，把更常沉浸在此時此刻當成你的責任。久而久之，你就能訓練自己專注在當下。接下來的練習可以幫助你擁抱正念。

練習12

## 正念靜心

**1.** 找一個能讓你安靜獨處至少十分鐘的地方。

**2.** 舒服地坐著，雙腳踏地，不要翹腳或盤腿，手臂垂下，雙手輕鬆地放在大腿上。慢慢深呼吸幾下，隨著吸氣、吐氣在心裡默數一、二、三。

3. 靜下心來，放空關於過去或未來的思緒。閉上眼睛或許有助於放空。

4. 一旦靜下來專注於當下了，就張開眼睛看看四周，留意周遭的景物與聲響。你看到什麼？顏色、形狀、質料、尺寸？你聽到什麼？有時鐘的滴答聲嗎？你聽得到來自這個空間外面的音樂或車聲嗎？如果你手邊有一杯飲品，不妨啜一口，感覺它沿著你的喉嚨，流到你的肚子裡。

5. 關於過去或未來的念頭可能又會冒出來，不必否認或揮開這些念頭，但回到深呼吸，直到你再次平靜地專注於此時此刻。

6. 就讓自己好好品嚐此時此地以及你身體的感受。

每天撥出幾個正念靜心的時段——這不難做到。久而久之，經過練習，你將發現自己自然地就把正念融入到日常生活中。開車時不要聽收音機，留意你所行經的人和街坊——當然也要注意路況。或者就專注在「開車」這件事本身：方向盤握在你手裡是什麼感覺？踩下油門時，車子有什麼反應？煮晚餐時不要開電視，而是專注在食材的形狀、烹調時的氣味和聲響上。

設法減少一心多用的時候。只要你稍微慢下來一點——放慢動作、放慢說話的速度，你會發現自己更容易專注在「現在」正在做的事情上，而這有助於體會自己當下的感受。

另一個養成正念習慣的辦法，是給自己一些提醒。在車上、臥室裡、皮夾裡、筆電或平板電腦上貼字條提醒自己。無論字條上寫些什麼，你都可以再補充一句「活在當下」。但只要看到字條，就足以提醒你靜下心來注意自己一下：「此時此刻我是否活在當下？」

## 和身體的知覺感受共處

透過正念，你可以覺察到身體的知覺感受，這是用正念來發掘及了解自身情緒與思緒的第一步。

視覺、聽覺、嗅覺、味覺和觸覺等感官知覺，爲我們接收來自外界的有形刺激，例如光亮或噪音，抑或是煮咖啡的濃醇香味。五官的感受是外界有形刺激的結果。感官知覺也反映體內器官的情況——或餓或飽，或疼痛或舒適。知覺感受是身體用來和你溝通的語言，身體藉此告訴你：「我很冷。」「我腳痛。」「那很燙。」

以下是一張描述知覺感受的列表，這些詞彙只占所有知覺感受的一部分，你或許想得到更多例子。

# 知覺感受詞彙表

| | | | | | |
|---|---|---|---|---|---|
| 暈 | 麻 | 癢 | 餓 | 飽 | 撐 |
| 涼 | 冷 | 冰 | 暖 | 熱 | 燙 |
| 酸 | 甜 | 苦 | 辣 | 鹹 | 澀 |
| 香 | 臭 | 嗆 | 灼痛 | 脹痛 | 刺痛 |
| 悶痛 | 絞痛 | 鈍痛 | 痠痛 | 抽痛 | 隱隱作痛 |
| 僵硬 | 疲勞 | 虛弱 | 睏倦 | 緊繃 | 顫抖 |
| 心悸 | 腿軟 | 胸悶 | 鼻酸 | 刺目 | 悅耳 |
| 酥脆 | 濕潤 | 濕黏 | 蓬鬆 | 綿密 | 細嫩 |
| 清爽 | 乾燥 | 光滑 | 柔軟 | 堅硬 | 油膩 |
| 濃郁 | 清淡 | 爽口 | 沉甸甸 | 輕飄飄 | 醺醺然 |
| 四肢無力 | 口乾舌燥 | 呼吸急促 | 血脈賁張 | 青筋暴跳 | 咬牙切齒 |
| 噁心反胃 | 頭昏眼花 | 震耳欲聾 | 通體舒暢 | 沁人心脾 | 頭皮發麻 |
| 毛骨悚然 | 心如刀割 | 心裡一沉 | 天旋地轉 | 步履輕盈／沉重 | 起雞皮疙瘩 |

身體透過這些知覺感受對你說話，現在，我想請你體會一下這些或細微或強烈的感受。

練習13

## 觀察身體的知覺感受

1. 一一清點你的身體器官：頭，打勾；肩膀，打勾；耳朵，打勾。避開受傷或疼痛的部位。
2. 停在你每天都很緊繃的部位，把注意力集中在那裡。
3. 你體會到什麼感覺？如果你找不到確切的字眼，就用前述的知覺感受詞彙表核對看看。你是否覺得反胃？眼皮跳？頭部或頸部緊繃？
4. 寫下你的感受。
5. 專注在這個身體部位五分鐘左右，不刻意去改變這種感受。這種感受是否只因你注意它就改變了？如果有所改變，找一個字眼來形容新的感受。
6. 寫下你的感受。

7. 你是否需要一點協助才說得清楚？沒關係。一開始可能比較難辨認和表明你有什麼感受。

如同基本的正念靜心，這個練習也是越常做越好。或者，你也可以只花一下子的時間，體會全身上下的感受，爲每一種感受找一個形容詞。一旦越來越熟練，你就更擅於傾聽身體的話語，也就踏上探索內心感受的坦途了。

## 誠實迎向內心的感受

截至目前爲止，我們都是用簡單溫和的方式來練習正念。我們放慢腳步、靜下心來，開始更注意內外在世界。現在，我們可以用這項工具探索內在的自我，包括想法、感受、衝動和回憶在內。接下來的練習感覺可能比較激烈，尤其是對害怕面對內心感受和過往回憶的人而言。然而，自我探索之旅是通往情緒療癒唯一的途徑，也是把被動式攻擊從你的人生中清除的不二法門。

知覺感受和情緒不一樣。知覺感受是身體的反應，情緒則是意識的狀態。情緒可能伴隨著知覺感受同時出現，但那不代表兩者是一樣的東西。舉例而言，生氣的時候，你可能會覺得頭痛或心跳加速。胸口緊繃是知覺感受，焦慮則是情緒。

但話說回來，儘管兩者並不相同，知覺感受還是能幫助我們親近自己的情緒，包括憤怒在內。若是沒有這些知覺感受，我們可能對自己的情緒渾然不覺。練習正念時，我們就是在透過身體聆聽內在活動的訊息，這也是打破被動式攻擊模式的開始。

情緒正念讓我們在產生情緒的當下體會箇中滋味，並加以處理。如果你身陷被動式攻擊的循環，你可能只想逃走，而不想面對自己的情緒，但你必須迎向內心的感受，尤其是痛苦的部分。然而，爲了敞開心扉，活得更誠實，建立更親密的人際關係，你必須接受暫時的痛苦。要知道這就像手指割傷一樣，疼痛的感覺意味著療傷的過程展開了。

## 內心感受是你的朋友

透過知覺感受來探索情緒，我們就能借助身體親近自己的內心世界。肢體語言和言行舉止有助於讓我們專注在內在的感受。

本章的練習將協助你慢慢來，一方面內觀自省，一方面觀察周遭環境。你將臨在當下。這裡所謂的「臨在」，意思是完全與你的身體合而爲一。當我們害怕或受挫，當周遭的世界顯得不安全，我們往往會有退縮的傾向，落入被動式攻擊循環的人尤其如此。為了恰當保護自己，我們需要在面臨挑戰時臨在當下，即使情況很難受或很嚇人。這是忠於自己和迎向人生唯一的辦法。

## 擴充你的感覺詞彙

要讓自己完全臨在當下，有一個辦法是透過覺察自己的知覺感受和情緒，並確切指出自己有什麼感受。我們已經學到描述知覺感受的相關詞彙，也試過在靜心中辨認自己的知覺感受。擴充感覺詞彙庫，你就能更細微地覺察到自己的情緒，也會對自己有更深的認識。此外，你可能也會對別人的感受更敏銳，連帶培養了你的同理心——對被動式攻擊者而言，這是一個很好的方向。

我將情緒分為兩大類：正面的好心情（我們喜歡的心情），像是愛和喜悅；以及負面的壞心情（我們不喜歡的心情），像是憤怒和恐懼。如果你習慣採取被動式攻擊模式，你對負面情緒的認識可能受限於自身的壓抑。這是因為在阻止自己感受某些情緒的同時，我們也限制了自己感受所有情緒的能力。

我們來看看正負兩面的情緒，邊看邊想想自己何時感受過這些情緒，接著再回想伴隨這些情緒一起出現的知覺感受。

### 描述正面好心情詞彙表

| | | | | | | |
|---|---|---|---|---|---|---|
| 快樂 | 幸福 | 喜悅 | 開心 | 滿足 | 高興 | 興奮 |
| 期待 | 歡欣 | 慶幸 | 光榮 | 輕鬆 | 愜意 | 悠哉 |
| 閒適 | 舒坦 | 欣慰 | 熱情 | 平靜 | 安心 | 踏實 |
| 暢快 | 振奮 | 過癮 | 陶醉 | 窩心 | 感動 | 興味盎然 |
| 興高采烈 | 無憂無慮 | 樂不可支 | 渾然忘我 | 心曠神怡 | 心花怒放 | 喜出望外 |
| 愛不釋手 | 大快人心 | 洋洋得意 | 豁然開朗 | | | |

### 描述負面壞心情詞彙表

| | | | | | | |
|---|---|---|---|---|---|---|
| 憤怒 | 傷心 | 難過 | 煩躁 | 痛苦 | 憂鬱 | 失望 |
| 寂寞 | 苦悶 | 不滿 | 不甘 | 不耐 | 怨恨 | 嫉妒 |
| 屈辱 | 焦慮 | 緊張 | 無助 | 頹喪 | 擔心 | 恐懼 |

| | | | | | | |
|---|---|---|---|---|---|---|
| 迷惘 | 震驚 | 壓抑 | 懊惱 | 混亂 | 尷尬 | 恐慌 |
| 膽怯 | 惆悵 | 倦怠 | 厭煩 | 疲乏 | 無聊 | 慚愧 |
| 掃興 | 悶悶不樂 | 心灰意懶 | 心煩意亂 | 心驚膽顫 | 提心吊膽 | 忐忑不安 |
| 憂心如焚 | 憤憤不平 | 悲從中來 | 愁雲慘霧 | 無所適從 | 倉皇失措 | 黯然神傷 |
| 意興闌珊 | 傷心欲絕 | | | | | |

練習14

## 承認並表達你的感受

**1.** 找一個能讓你安靜獨處約十五分鐘的地方。

**2.** 用前面學到的正念技巧，集中注意力，臨在當下，與你的身體合一。雙腳與臀部呈一直線，以舒適的距離張開站立。注意你從地面得到的支撐。放鬆，膝蓋微彎，把全身的重量交給地面。用心感受地面給你的支撐。

**3.** 現在，把肩膀往後打開，慢慢深呼吸幾下。按摩手臂、頸部和肩膀，感覺按摩帶來的知覺感受。

**4.** 回想某次你很憤怒的情況，仔細回顧來龍去脈，感覺心裡的憤怒和伴隨而來的知覺感受。或快或慢，或大聲咆哮或輕聲細語，以不同的方式重複說：「我很生氣。」

**5.** 注意你的身體作何反應。

**6.** 看看有什麼別的情緒浮現。一邊感受這些情緒，一邊大聲說出自己的情緒，像是「我很害怕」、「我很難過」、「我現在覺得沒那麼沉重了」。

**7.** 指出所有你所注意到的感受之後，放鬆下來，再做幾個深呼吸。

**8.** 如果你願意，也可以把心裡的感覺寫下來，比方：「臨在當下感覺很安心」，或是：「面對自己的感受並不可怕」。

做這個練習能讓你知道很多關於自己的事情。首先你會知道自己對承認和表達情緒有什麼感覺，不管是憤怒還是其他情緒。

## 不控制亦不評斷你的感覺

練習正念沒能立刻上手也不用氣餒，以下是一些典型的問題和可能的解決辦法。一開始，你可能會覺得忐忑不安或心生抗拒，不願探索自己的情緒。我知道這對被動式攻擊者而言是一大障礙，但我也知道你能成功跨過障礙。

如果你已經練習了兩、三分鐘，覺得什麼收穫也沒有，請再堅持一下。你的知覺感受和情緒可能有點害羞，它們不習慣受到你的注意。五分鐘能有多長？承諾自己每天都練習個五分鐘，誠心誠意地試著親近自己的內在世界。我相信你會得到回報。練習正念最終會爲你的人生帶來不同凡響的影響。

練習正念的一個關鍵前提在於放棄控制。你只需要放鬆下來，看看心裡浮現什麼。不要試圖爲你的內在世界打草稿，或硬要把一開始浮現的感受導引到你喜歡的結論上。只要保持好奇與客觀。切記，正念無關評斷，你的感受沒有「不好」的，心裡有這些感受也沒什麼好可恥的。

你也要願意改變才行。如果你有被動式攻擊的歷史，你可能深知「無聲的抗議」有什麼力量。非理性心念和先入爲主的自我觀感及人生論調可能是你的舒適圈，但你從中得到的卻是無效的安慰，否則你不會來讀這本書。你想要改變。你可以改變。到頭來，你會很高興自己變了。

## 不對情緒作無謂的反應

很快的，你就會看到正念在生活中起的作用，也會看到它如何幫助你打破被動式攻擊的壞習慣，後者在第七章中會更深入探討。當你不再透過各種濾鏡（還記得那些在童年形成的非理性心念）看待每一刻，你就會把自己和人生看得更清楚。你也會開始和你的同伴、孩子及其他人建立更好的關係。

或許你以爲正念要在昏暗的房間裡練習，搭配冥想音樂和薰香。事實上，隨時隨地都能練習正念，不分白天黑夜，不管你正在做什麼。最後，你會發覺自己純粹就是活在當下，無時無刻不正念。

但當你面臨令人徬徨或困擾的處境，需要好好掌握自己的感受時，正念就變得格外重要。正念能幫助你度過紛亂如痲的思緒與情緒。透過正念，你就能明白自己對眼前這個處境的反應，並親近自己內心的種種感受。正念其實改變了你的腦袋消化情緒的方式，有了這套新的模式，你就能學著：

- 放慢你的反應，讓你不再只是被外來的刺激牽著走。
- 好好體會諸如憤怒之類令人痛苦的情緒，如此一來，你才能接收這些情緒要傳達的訊息。
- 避免採取否認和逃避之類不健康的應對策略。
- 將思緒專注於當下，不予論斷。
- 敞開心胸迎接新的感受和想法，讓你能夠改變自己的行爲。

如果你覺得自己活在一個虛假自我的外殼裡，正念能幫助你打破這個外殼，釋放裡面那個眞實的自己。你可能以爲自己要很文靜、很開朗、很風趣、很聰明、很乖巧（形容詞任選）才會惹人愛，現在你有機會重拾被你拋棄的身分認同，無論你是誰都沒關係。

## 面對被動式攻擊者，你可以先從了解自己和對方的情緒著手

一旦確認你的同伴有被動式攻擊的問題，你可能多少會有如釋重負的感覺，畢竟問題不在你身上。或者，就算你有問題好了，那也是被對方逼出來的。然而，說別人有被動式攻擊的問題並不會讓你成爲一個身心健全的完人。爲了解決問題，本書對你和對被動式攻擊者來說可能

一樣有用。

## 你能為自己做什麼？

對於維持一段穩定的關係而言，親近自己的感受並對情緒保持覺察，相當重要——無論是哪一種關係皆然，尤其是面臨被動式攻擊挑戰的關係。如果你不知如何清理被動式攻擊者製造的困惑並專注在自己的感受上，本章有一些扎實的練習可以幫助你。

基於被動式攻擊機制運作的方式，我們可能會對自己的情緒有所保留，像是覺得：「她不過是有點遲到，我不該爲此生氣。」或者：「我幹嘛不高興？他同意照我說的做了啊。我沒理由不高興。」

然而，當你將被動式攻擊者的行爲合理化時，你的身體會把內心眞實的感受告訴你。如果對方的行爲讓你不舒服，請多加注意。往好處看，你或許會想：「他看起來很想幫忙我做這件事，我打賭他會做得很好。」或者：「她好像眞的很高興，所以我們應該會玩得很愉快吧。」

## 你能為對方做什麼？

在一段關係中，如果對方具有被動式攻擊的人格，你或許能幫他/她指出他/她的情緒，並檢視這些情緒的來源，尤其如果你們雙方都對被動式攻擊的問題有共識。此時，肢體語言是一個很好用的工具，儘管它只提供單一訊息，而且對方不見得能意會過來，也不見得會據以採取行動。

我最近看了一齣叫《研討會》（*Seminar*）的戲劇，劇中的寫作班老師貶低學生所做的一切。學生的肢體語言充滿了憤怒，但他們不對老師表達；相反的，他們私底下彼此抱怨個沒完，卻始終不去針對罪魁禍首。而且，喔，學生還跟老師上床呢。上床這種行爲傳達的可是和憤怒截然不同的訊息。

話說回來，認識一些和生悶氣有關的肢體語言，可能有助你了解被動式攻擊者的情緒——即便連對方都不知道自己在生氣。有些肢體語言還滿明顯的。沒錯，手握拳和手抱胸都顯示出對方自己可能沒察覺的抵抗或防衛心態。此外，人在不高興或想掩飾某種情緒時，往往會不自覺地低下頭來。一個擁抱可以告訴我們很多：被動式攻擊往往表現在僵硬的肢體動作中，身體似乎有所抗拒，因而對肢體接觸很不自在。

如果你注意到這些肢體語言，而且你自己的身體也告訴你情況不對勁，打開天窗說亮話可能會對事情有幫助。我們在第五章會再探討要怎麼敞開來談，但首要的原則在於從你自己的觀點去陳述。

「你看我的眼神讓我很不舒服，感覺像是你在生氣。」

而不是：

「你在生我的氣！你怎麼了？」

「我擔心我說了什麼話惹你不高興。」

而不是：

「你看起來一臉不高興。我做錯什麼了嗎？」

再者，除非你很清楚自己的感受，而且你的情緒處於平穩的狀態，否則不要開口說話。你要的是談話，而不是對質。

你在本章已經學到如何親近自己的知覺感受和情緒，這些心得將幫助你設下身心雙方面的界線，讓你保持安全的人我距離，我們將在下一章加以探討。

# 4

# 設下情緒的人我界線

在越來越頻繁地單獨約會一年過後，凱倫和雷開始同居，至今已六個月。對凱倫而言，搬來和雷住似乎是很自然的發展。但在過了半年以後，她還是不確定雷對這件事的態度。

之前約會時，每每在約會完準備回家之際，雷總說如果他們住一起就好了。所以當凱倫的房租到期、房東調漲租金時，她就跟雷說似乎是時候搬去跟他住了。他不但同意，而且好像很期待，但他卻補了一句，說他反正有一半時間都要出差，房子空在那裡很不划算。這麼現實的話讓她聽了很受傷，但她決定不要放在心上。

關於這段感情，還有其他事讓凱倫煩心。雷一出差通常是一連兩、三天，她會稍微挪一下東西，讓自己住得更習慣。她並不是移動什麼大型家具，只是她最愛的杯子之類的廚房小物。她也會把自己的一些書和私人物品擺出來。雷出差回家一、兩天後，所有東西就又物歸原位，凱倫的東西則被塞到一個角落。這裡感覺一點也不像她的家。

凱倫把購物清單貼在廚房冰箱上，但輪到雷去採買時，他不是忘記帶那張清單，就是漏掉清單上她愛但他不愛的東西。如果她邀朋友來家裡吃晚餐，雷要麼遲到，要麼根本不到，他會說：「對不起，寶貝，我工作忙，你反正有朋友陪，你不會想我的。」但當他們去參加他朋友的聚會，他又從頭到尾黏在她身邊，彷彿他的腰帶也綁在她腰上似的。他的朋友都跟她說，雷從沒這麼在乎過一個女人，他們就等著看他倆結婚了。

凱倫可不確定。一天，她看到他的行李箱放在臥室一角。他從不把行李箱收起來，就彷彿他隨時可能離開，即使他要一連在家待一星期以上也不例外。看到他的行李箱，她瞬間爆發了。等雷來到臥房時，她已經把自己的行李箱從衣櫃拖出來，開始打包行李了。

「你幹嘛？」他問。

「我要走了。」她吼道：「反正你也不想讓我住在這裡！」

「寶貝！你怎麼能說這種話？」他伸手想抱她，但她把他推開，自顧自繼續打包。「不要，拜託，你不能走。」

「雷？」

接下來，他盤腿坐在門口地上，懊惱地捂著臉。

「我需要你。拜託不要離開我。」

聽他這麼一說，她又不走了。

雖然凱倫很快就會發現，但這時她還不知道雷有根深柢固的被動式攻擊傾向。界線的問題在被動式攻擊行爲中扮演關鍵的角色。對於自己的界線在哪裡，被動式攻擊者的概念很模糊，尤其是在面對感情時，他們可能很難分清楚你我。但一如我們在這個例子中看到的，身爲在被動式攻擊者身邊的人，界線對旁人來說也是一個問題。凱倫住在雷的公寓裡，但就實際意義而言，很難說雷到底是不是跟她住在一起。她無形中接受了他模糊的界線，而在這段關係中失去了自我，也失去了自尊。

我們在第二章學過，界線模糊是被動式攻擊者的思維謬誤之一。在第三章，我們也看到情緒是界線的先鋒使者，爲我們傳達界線被踩到了的訊息。在這個故事中，凱倫的情緒傳達了界線遭到侵犯的訊息。首先，她摸不清雷的想法。其次，她覺得自己在雷的家裡很多餘。最後，除了困惑不解和不受歡迎的感受，她也有憤怒的感受。但她還沒聆聽這些訊息。

在一段至少有一方陷入被動式攻擊的關係中，界線的問題是一個舉足輕重的元素。在這一章，我們要來看看雙方如何從檢視自己的界線獲益。首先，我們來看看健康的界線如何發揮作用。

## 界線的定義

界線是為自我身分認同畫出無形輪廓的邊線。在第三章，我們看到界線主要影響三個方面：身體、小我，以及自我形象。

### 身體的界線

「個人空間」是我常和個案做的一種練習，這個練習以最簡單的形式揭露出身體的界線何在。我會請個案站好，然後我再一步步朝個案靠近，並請他們在覺得不自在時告訴我。但其實從肢體語言就看得很明顯，他們可能手抱胸、轉移視線，甚至往後退。

身體的界線也包括更廣泛的個人空間，像是我們的辦公室或臥室、我們的私人物品，以及我們對肢體接觸的開放程度。在非親非故的人之間，老一輩的人覺得頂多就是握個手表達善意。時至今日，泛泛之交互相擁抱也沒什麼，無論是同性或異性之間皆然。然而，接吻通常僅限於可能的性伴侶，至少在美國是如此。

就性接觸而言，健康的身體界線（亦即「在什麼情況下可允許到什麼程度」）也扮演著重要的角色。「PDA」這個縮寫代表著「公開展露情感」（public display of affection）的禮儀規範，至於什麼樣的言行舉止合乎 PDA，可接受的標準多少因人而異。

## 小我的界線

我所做的身體界線相關練習往往也反映了小我的界線，亦即一個人可以接受的親密程度到哪裡。健康的小我也包括只有某些人在某些情況下才獲准進入的私人空間。

我們會向好友傾訴不可能告訴鄰居或同事的心事。換言之，健康的情緒界線依我們所面對的人和雙方的關係而定。假設你在工作上有一個很重要的報告，這個報告的成敗關乎公司整體利益和你個人的升遷。面對最要好的朋友，你可能會坦言自己怕得要命，做完報告才吃得下飯。面對同事，你可能會說很多事都有賴這次的報告，並請同事祝你好運。面對老闆，你可能會說你已拚盡全力做足準備，可以上場了。

我們也可能爲了避免產生沒有建設性的負面情緒，而設下把資訊拒於門外的界線。我看過對乳癌診斷做出不同反應的女性。一名女性買了一本備受推崇的乳癌專書，作者是醫生，書中鉅細靡遺地說明了乳癌的一切，她把這本書從頭到尾讀了三遍，對乳癌的透澈了解減輕了她的恐懼。另一名女性也買了同一本書，但她只讀了片段。她用索引找出和她病情有關的章節，選擇只讀這些部分。她覺得除此之外的一切只會害她多慮（「萬一這也發生在我身上呢？」），而她要憂慮的已經夠多了。

健康的小我界線和情緒的高牆不同，後者是我們保持距離的一種方式。健康的界線是有彈性的，可依我們遇到的人或情況調整，目的在於保護。情緒的高牆是僵化死板的，目的在於孤立。情緒的高牆顯得固執、偏狹、墨守成規。兩者的差異從「絕不」、「總是」之類的字眼看得出來，諸如此類的極端字眼往往是高牆的一部分，例如：「我絕對不跟同事做朋友。」健康的界線則較可能顯示爲：「我對要不要和同事走太近抱持保留態度。我個人盡量不想讓交情影響公事。」

## 自我形象的界線

多數人心裡都有一個自我形象，這個形象反映出我們所看重的自我價值，也反映出我們如何看待自己在家庭、職場或社會上的角色。悉心打理居家環境並以此爲榮的女性，可能會對任何這方面的批評很敏感。重視母親角色更甚於一切的女性，則可能不在乎你說她的房子怎麼樣，但千萬別說她孩子的不是！另一名女性可能也愛她的孩子，但她的自我形象主要繫於她的事業成就。如果她失業了，孩子恐怕也安慰不了她。

自我形象不只關乎一個人的角色，也關乎一個人的價值觀。虔誠的聖公會教徒不會樂意聽到浸信會教徒說他的宗教太庸俗，反之，浸信會教徒也不會高興有人說他的信仰是迷信。

## 要能洞察內心的感受，才能捍衛自己的界線

憤怒是沿著健康的界線巡邏的士兵。界線受到攻擊時，憤怒就會讓我們知道。它的武器是大腦內建的戰或逃機制。如果我們受到攻擊、遭逢意外或面臨危險，戰或逃機制就會向大腦傳送反應元素，讓我們準備戰鬥或逃走。它讓我們全身上下瞬間爆發一股能量。

貼近內心感受的人能夠體認到自己的憤怒，並停下來檢視憤怒的源頭。接著，他們會判斷什麼樣的言語或行動對眼前的威脅是最好的回應。如果火車上有個人坐得靠你太近，你可能會請對方多給你一點空間，或者你可能乾脆去找別的座位。如果旁人說了什麼批評你長相的話，你可能會指正他的行爲，或者決定算了不理他。重點在於正視你的憤怒、考量你的反應。

然而，很多人害怕表達憤怒。他們把憤怒的感受藏起來，不僅藏得別人看不到，甚至藏得連自己也看不見。對習慣被動式攻擊的人來說，把憤怒藏起來變成一種標準程序。憤怒是他們不計一切代價想要避開的東西，所以他們無視於相關的知覺感受與情緒，因而錯過情緒要傳達給他們的訊息。在人際關係中，被動式攻擊者也怕自己如果堅守界線，身邊的人就會棄他們而去。結果他們基本上毫不捍衛自己的界線，久而久之，這些界線就完全失去了意義。

界線薄弱的結果是門戶洞開，歡迎別人登堂入室，從公然直接的肢體虐待，到工作上負擔過重或被別人占便宜，各種侵犯不一而足。具有被動式攻擊人格的人會設法用迂迴的方式保

護自己，舉例而言，他們會以退爲進。在本章開篇的案例中，雷只是默默把凱倫的書推到角落裡，而不正面處理他不滿凱倫鳩占鵲巢的矛盾心情。被動式攻擊者無法果斷地提出要求，轉而採取一些操弄人心的手法，儘管他們多半是不自覺的。

還記得前面說過，被動式攻擊一般始於童年，或許是受到明目張膽的虐待，或許是從專橫的父母那裡得不到內心渴望的接納。凱倫威脅要離他而去，雷就崩潰在地——這種行爲反映了他對衝突與失去的深深恐懼。這種行爲也是一種操弄人心的手法——他利用凱倫的心軟和內疚來挽留她，但卻沒有眞正針對癥結所在，解決在他們之間造成裂痕的問題。

之所以爆發這次的事件（以及隨之而來的被動式攻擊行爲），是因爲心裡累積的憤怒越來越多。雷希望咖啡杯能放在特定的櫥櫃上，但他不跟凱倫明說，只是把被她移動過的杯子默默放回去。

良好、清楚的界線是降火的法寶。信不信由你，這些界線的存在不僅能減少壓力、焦慮與衝突，還能增進相處上的契合度與舒適度。一旦知道自己和對方的界線在哪裡，我們就能培養對這些界線的敏銳度，並養成尊重這些界線的意願。有些人對情感表達、分享心情或共用空間比較自在，有些人則不然。所以，我們需要勾勒出彼此的界線藍圖並據以因應。舉例而言：

- 葛瑞格不愛跟人摟摟抱抱。你頂多可以握握他的手、拍拍他的肩膀，但這就是極限。
- 有一次，我從嘉琪的辦公桌上拿了剪刀來用，看得出來她對此很不高興。現在我會記得要先問過她，不要自己動手。
- 泰德是律師，他很受不了律師這門行業受到的批評。和他聊天時，我會謹記這一點。
- 雪莉不想多談她心裡的感受——至少不愛跟我談。至於我心裡的感受，她想聽的也有限。

對活在被動式攻擊循環中的人來說，諸如此類的陳述可能顯得很陌生。他們往往較難對別人感同身受，所以他們可能甚至沒察覺到別人的界線。又或者就算察覺到了，他們也會判定是那個人太過敏感、是那個人有問題。

## 界線薄弱的特徵

陷入被動式攻擊循環的人可能界線模糊或重疊。以下是一些你可能覺得很熟悉的例子：

- 你不保護自己的私人空間。雖然你可能覺得不舒服，但你還是允許別人靠你很近、像熟人般碰觸你，或進入你的私人領域，包括房間、抽屜和電腦檔案。別人在擁抱你時可能會感覺到你的抗拒，但你什麼也不說。

- 你不喜歡獨處。想到要自己一個人在家一整晚，你可能會打電話給朋友、不請自來跑去參加別人的活動。只要有人陪，你什麼都做得出來。
- 你暴露太多自己的私事。和要好的朋友聊心事沒關係，但對藥妝店的店員細數你的感情生活就不必了。
- 你很容易陷入別人的情緒當中。失業的是你弟弟，痛苦沮喪的卻是你。有時候你對別人的問題太投入，以至於你比當事人還痛苦。這裡的癥結在於，你並不是眞的在分擔他們的感受。他們只是提供劇本，你就自己演起戲來了。
- 你爲了別人的需求而忽視自己的需求。無論別人提出什麼要求，你都覺得當仁不讓，即使和你自己的需求相互牴觸。在本章開篇的案例中，雷求凱倫留下，她就留下來了，即使她在這個情況下很受傷。
- 就算不想，你也跟人上床，甚至是跟第一次見面的人。當對方想上床，你就覺得必須配合。你有可能第一次約會就上床——這段關係要麼只是性關係，要麼是不重要的關係。
- 你把「性吸引力」和「愛」混爲一談。你三番兩次對人「一見鍾情」，因爲你分不清愛和一時的癡迷。

- 你容忍別人的虐待。你不敢抵抗，所以你讓配偶或身邊的人對你精神虐待，甚或拳腳相向。
- 你很容易受到一個又一個宗教團體的說服。孩提時期，你毫不懷疑地接受父母的宗教信仰（或缺乏信仰），這種「不加以質疑」的態度延續到成年之後，使得你很容易受到影響，各種宗教觀點或團體隨便都能說服你。舉例而言，你會爲傳教士敞開大門，一接觸到新的宗教就跟著信仰，或者過度依附宗教領袖，而沒有什麼個人的判斷。你常常把自己的力量交出去，假設別人都比你好或比你懂得多。

## 缺乏界線導致的問題

在被動式攻擊的種種徵兆中，我們不難看出界線殘破不全的跡象。事實上，破碎的界線正是被動式攻擊的核心：童年受虐；父母之間的權力不平衡，其中一方屈從於另一方；過於嚴格的父母對孩子要求太多、不尊重孩子和孩子的情感需求，過分的要求和不尊重都是越界侵犯孩子的小我；父母基於這樣那樣的原因而不接納孩子——這又是另一種形式的不尊重，同樣打擊了孩子對自我的觀感。

在人格養成的過程中，沒有養成明確界線的人往往會成爲被動式攻擊型的大人。因著自卑感作祟的緣故，他們覺得自己的需求不配受到尊重。當然，對於自己所允許的傷害、忽視和侵犯，他們還是會心生憤怒，但他們壓抑住心中的怒火。積壓在心的憤怒往往透過破壞、侮辱、遲到、健忘或其他報復手段宣洩出來，挑起人跟人的爭端，也導致關係的緊張。採取這些報復手段的人，本身可能都不知道自己是在宣洩憤怒。

## 被動式攻擊者的依賴困境

陷入被動式攻擊循環的人，內心往往充滿與界線有關的衝突。他們深深依賴別人的接納與關注，要別人爲他們付出心力，但他們也強烈渴望獨立——他們自戀地渴望事情能夠按照他們的意思來做。

雷就是一個很好的例子。他要凱倫和他同住，卻又讓她覺得自己不受歡迎。不管是有心還是無意，他把她當成不速之客來對待，而且這位不速之客還可能待得太久了。然而，當她威脅要離開他，他又覺得心碎不已，因爲他依賴她的逆來順受，依賴她給他安全感——他不喜歡一個人獨處。出差在外時，他常在旅館的酒吧或餐廳待到沒人爲止。他常尋求陌生女子的陪伴，要是知道這些女性有時會跟他一起回房，凱倫恐怕會很痛心。

內心受這種衝突之苦的人，可能會顯得遲疑不決，並且在口頭上順從旁人的決定。表面上似乎是旁人做了所有的決定，私底下卻好像有什麼隱而不宣的內情。雖然雷常常提議要凱倫搬去跟他住，但她才是最後做出決定的人，而且他似乎從那之後就表現得很彆扭。

這種衝突的根源也來自童年。在孩子成長發育的過程中，有一個關鍵的步驟充滿情感上的衝擊，那就是「分開／獨立」的階段。隨著肢體行動上越趨獨立，孩子漸漸可以自己玩、自己移動，於是他們進入了一個「我不只是媽媽的附屬品，但我也還不是我」的階段。你可能在商店裡或其他公開場合看到過，小孩子開開心心地四處探險，直到有個陌生人對他說話，這時他就朝媽媽飛奔過去，巴著媽媽的大腿不放。

由於對自己還不確定，所以孩子在獨立的天性和受父母保護的需求間拉鋸。他們可能暫時自己跑開，但又會定時查看媽媽在不在原來的地方。自己跑開的行爲表達了對自由的渴望，查看的行爲則顯示他們對信任的熟人有所依賴。

父母也在和同樣的問題拉鋸。給孩子太多自由，他們可能會陷自己於險境、不知如何脫困；給孩子太少自由，他們可能無從鍛鍊身爲成年人所需的技能。落入被動式攻擊循環的人大概介於這兩種極端之間，他們持續產生與依賴有關的衝突和恐懼。無論是三歲或三十歲、六歲或六十歲，他們內心始終懷著不安與懼怕，一方面老是尋求媽媽的保護，一方面又厭惡媽媽的干涉。

當然，就連最健康的關係也包含依賴的元素。然而，這樣的依賴是兩個完全獨立的成年人，選擇建立彼此依賴的關係，同時又很清楚自己可以照顧自己。在這種情況下，依賴就變成一種禮物：我相信你會照顧我，但不會損害我獨立自主的權利；我自由地選擇我們互相依賴的關係，不是因爲我害怕獨處或不能沒有你。

## 當被動式攻擊成了一段關係中的障礙

如你所見，設下健康的界線是克服被動式攻擊行爲的重要步驟。不論是在工作上或私人感情上，如果你和一個常常被動式攻擊的人有所往來，鼓勵這個人建立並捍衛自己的界線，有助於結束被動式攻擊的惡性循環。最重要的是，你必須格外提高警覺，注意你自己的界線，否則你就有可能要蒙受對方被動式攻擊的惡果。因爲你的界線和對方的界線密不可分，接下來我就針對這兩者加以討論。

我們在前面學過，界線通常關乎我們的身體、小我和自我形象。如果你請別人把他們的界線寫下來，他們可能會皺起眉頭瞪你一眼。界線常是不言自明，大家只覺得「我就是這樣」，而不認爲需要白紙黑字訂出規矩。然而，在一段關係中，如果被動式攻擊成了挑撥雙方感情的第三者，畫出具體明確的界線就很重要。

有被動式攻擊行爲的人可能沒有界線。事實上，這整個概念對他們來講可能很陌生。然而，他們需要有爲自己建立界線的概念，否則就走不出被動式攻擊的循環。他們也應該知道你的界線在哪裡。對他們而言，你的界線是一套指導方針，讓他們確切知道什麼事情有可能惹你生氣或傷你的心。更重要的或許是：你要知道你的界線在哪裡。因爲在這種人際關係中，你很容易就會看不清界線。

以下是健康的界線其他的重要特質：

- **清楚**。你心裡很清楚自己和別人的界線，認識你的人對此也一樣清楚。
- **保護**。你的界線讓你有安全感。你知道自己可以掌握別人和你的親近程度，他們也知道自己不該跨過哪些界線。
- **彈性**。你有充分的自信在必要時改變你的界線。改變界線給你自由的感覺。你不會築起一道高牆，把別人都擋在牆外。

對於健康的身分認同和自尊，以及堅定地表達你的需求而言，建立清楚、有彈性、保護自己的界線是不可或缺的一環。即使在一開始很不好受，建立及主張自己的界線是終結被動式攻擊循環的起點。

## 練習15 設下身體的界線

你可以自己練習，也可以找旁人一起練習。如果是兩個人一起練習，填完問卷之後彼此交換，對你們的關係會有幫助。

**1.** 找一個能讓你安靜待半小時左右的地方。

**2.** 以紙筆或你最愛的數位裝置，利用以下的問卷，列一張你的界線清單：

- 什麼樣的身體距離對我而言是自在的?和家人、朋友、同事、陌生人，分別可以靠多近？
- 和家人、朋友、同事、陌生人，什麼樣的接觸是可接受的？

- 我的私人物品和私人空間要有何種屏障？鎖起來？看得到的才准碰？經過同意才能拿？我的就是你的？
- 我對性接觸的觀感如何？你必須等一陣子？唯有建立起感情之後才可以？我需要有信任感？只要你準備好了，我隨時都可以？

**3.** 在做這個練習時，你還想到什麼別的身體界線問題？在你的人際關係中，如果有特別令你不安的地方，就在這裡提出來。舉例而言，當你們在討論問題時，你可能希望旁人用比較輕柔的語氣。

**4.** 靜坐幾分鐘，想想你所列的答案。這份清單誠實反映出你的界線了嗎？如果設下界線對你來說很困難，想想怎麼做可以讓你比較自在。

身體界線可能是最好辨認，也是最好接受的。儘管如此，困在被動式攻擊循環中的人，可能還是覺得很難辨認，也很難接受。他們可能不習慣自己「有界線」。閱讀這一章的內容以及旁人所列的清單，或許能幫助他們除了想想自己「應該」有什麼界線之外，也想想哪些界線能讓他們在這世上感覺更安全、更自在。

被動式攻擊者可能會抱怨旁人太死板、不講理或沒有彈性，旁人則要對諸如此類的抱怨提高警覺。當然，身爲旁人，你也要檢視你的界線，但請相信你自己的判斷。

練習16

## 設下情緒的界線

如練習15所述，你可以自己練習，也可以和旁人一起練習。

1. 找一個能讓你安靜待半小時左右的地方。
2. 以紙筆或你最愛的數位裝置，列出最近在你的人際關係中有哪些問題。
   - 你上一次因為旁人的言行舉止生氣是什麼時候？發生了什麼事？
   - 你上一次被旁人的言行舉止刺傷是什麼時候？發生了什麼事？
   - 如果你可以改變旁人的行為，你想改變什麼？
   - 如果有一件事能讓你在人際關係中更快樂，那會是哪件事？
3. 檢視你的清單。想想是否能設下什麼界線防止自己生氣或受傷？

4. 用這張清單，勾勒出你認為有可能改善情況的情緒界線。舉例而言，如果你想改變旁人拿走你的筆不歸還的習慣，你或許可以寫下：「我的私人物品歸我所有。你在借走之前應該先問過我，而且用過之後務必歸還。」

5. 靜坐幾分鐘，想想你所列的清單。對於自己寫下的東西，你是否覺得自在？

由於這些問題很接近人際關係的核心，你可能需要謹慎考慮與人分享的過程。最好的做法可能是一次只和旁人交換一項。困在被動式攻擊循環中的人有可能你說什麼都同意，所以你要提高警覺，觀察他們的表現。他們是否真心願意尊重你的界線、滿足你的需求，從他們的表現來看會比口頭的說法更清楚明確。

## 面對被動式攻擊者，你要優先照顧好自己

如果被動式攻擊者真有決心要擺脫惡性循環，身爲與他/她有所往來的旁人，最後這一小節的共同練習能幫助你們朝目標邁進，尤其是搭配第五章的溝通技巧。然而，實際情況不見得盡如人意。我們再來看看凱倫和雷的例子。

凱倫威脅要離開、而雷求她留下之後的六個月，這對情侶還是風波不斷。凱倫對雷說，事情必須有所改變，最簡單的辦法似乎是從居家佈置著手。她搬過去時，雷建議她賣掉她的「舊家具」——她必須承認，她的家具不僅老舊，還有點破爛。現在，她想做一些改變。

首先，她爲客廳買了綠色的新窗簾，雷說他不喜歡綠色。第二組是有條紋的，雷皺了皺鼻子。最後，她買了一組淡褐色的窗簾，多少能搭配牆壁的顏色。雷很滿意，但凱倫覺得自己形同白忙一場。

她買了一組新的碗盤，也擺了一些她特別鍾愛的餐具出來，包括她從慕尼黑啤酒節帶回來的一個啤酒杯，以及她祖母留給她的一個茶杯。不出一、兩個星期，這兩個杯子都打破了。雷說一定是清潔婦打破的，但凱倫很懷疑。

有幾次，她試圖請雷坐下來和她談。他們的談話通常非常簡短，雷很快就會不高興。他會說她不愛他、她想離開他。她爲了安撫他，結果總是談一談就談到床上去。

對被動式攻擊行爲的容忍度一方面因人而異，一方面也要看這個人是否爲你們的關係帶來正面的貢獻。然而，要知道你可能來到像凱倫一樣的地步，一般的做法不足以解決問題，這段關係還是讓你不好受。

## 如何幫助對方

被動式攻擊意味著這個人難以設下自己的界線，所以你更要堅守你的界線。換言之，面對被動式攻擊者，你必須明確規範他們的行爲，不讓他們越雷池一步。沒錯，這聽起來很像警察在做的事。就某些方面而言，你確實得擺出警察的姿態。

- 把你的界線界定清楚，然後以你的界線爲準，勾勒出對方的界線。
- 表明你的意願，弄清楚對方做得到什麼、做不到什麼，告訴對方你要的不只是口頭保證，而是眞正做到。
- 做好強制執行、毫無例外的準備。視情況改變界線只會令被動式攻擊者無所適從。你的目標是要捍衛自己的界線。伴隨而來的好處是你可以當對方的榜樣，向對方示範如何踏出被動式攻擊的循環。
- 表達你的不滿。舉例而言，凱倫可以說：「你爲了避開我的朋友而晚回家，我覺得對我和我朋友都不尊重。如果你在乎我，那麼認識我的朋友對你來說應該很重要。」

設下界線讓對方知道你覺得自己沒受到應有的對待。為了幫助他／她，你要具體說明你不高興的是什麼、你的期望是什麼，也要清楚表達你的用意和意願。設法遵循《聖經》的教誨：仇視罪惡，但不仇視罪人。以雷的例子而言，沒禮貌的不是他，而是他的行為。

此外，不要在氣頭上進行談話，等你的情緒過去了再說。你給對方的感覺應該是：設下界線不是對他／她的懲罰，而是為了改善這段關係所做的努力。你要向對方傳達的是：如果他／她也想繼續這段關係，那麼他／她要怎麼做，或不要怎麼做。

設下界線聽起來容易，做起來可沒那麼簡單。困在被動式攻擊循環中的人會用他們熟悉的技巧試圖抵抗。

凱倫邀一些朋友週五晚上來吃晚餐。她跟雷說得很清楚，她希望他準時出現，沒有藉口。他提早回家了，穿著也很得體。然而，晚餐席間，他並不怎麼參與談話。晚餐一吃完，他就向她們告辭，跑去講了十分鐘的電話。朋友離開之後，凱倫深呼吸一口氣，表達了她的失望。

「我很高興有你在，但你好像心不在焉。」

「有嗎？怎麼說？」雷無辜地問。

「有啊，首先，你幾乎沒跟我們的客人說一句話。有時我懷疑你是不是根本沒在聽。」

雷搖搖頭。「你也知道我的工作。對不起啦，但我可能一直在想我要打的電話吧。」

「從頭到尾你有沒有聽我們說話？」凱倫又上火了。

「喔，事實上，我聽了啊。你知道，她們聊的話題我都沒興趣。不過，你跟她們在一起好像很開心，所以也不算浪費時間。」

## 如何幫助你自己

如果你身邊有慣於被動式攻擊的人，最重要的莫過於照顧好你自己。你可以設下界線，但被動式攻擊者很擅長找藉口或規避你的要求。儘管你可以要他們負起責任，但你控制不了他們的行爲。你只能控制你自己。

你的心裡務必要對自己的界線很清楚，如此一來，當對方越界時，你才知道自己的底線被踩到了。拯救對方脫離被動式攻擊的泥淖不是你的工作，事實上，你也沒有權力這麼做。你可以為他們找藉口、延遲他們的行爲帶來的後果，但到頭來，你只會傷到你自己。

至少對自己，你一定要堅持開誠布公的溝通。當對方說謊或找藉口，你必須相信自己的判斷。告訴他們，你從他們的表現看得出來他們心裡眞正的感受。至少對自己，你要釐清對方模稜兩可的行爲：你對他們能有什麼期望？最後，最重要的是你要對自己的感受很清楚，你要知道自己在這段關係中能忍讓到什麼地步，而不至於受到太多傷害。

凱倫得到一份在其他城市工作的機會，那裡離她和雷住的地方超過一千六百公里遠。她的第一個反應是興奮：那是很棒的機會，她可以有個全新的開始。當她想到要離開雷，沒有他的未來似乎不是那麼令人難過，感覺起來甚至是一種解脫。當晚他回家時，她就把這個消息告訴他。

「我在堪薩斯城有個機會，我想我會接下這份工作。」她說。

他一臉震驚。「你要離開我？」

「嗯，坦白說，我不看好我們的感情。我本來以爲我們交往到現在差不多可以訂婚了，但我不滿意我們的現況。」

「你從沒說過你想結婚啊！」他現在有點生氣了。

「事實上，就你現在這個樣子，我並不想結婚。」

「好，你高興怎樣就怎樣。」他說完便走出房間。

她就照她的高興，離他而去了。

我不是要慫恿你一出問題就放棄一段被動式攻擊關係。一如你在本書中會看到的，有一些方法可以讓你用來減輕被動式攻擊的行爲，和身邊的人建立更坦誠、更親近的關係。然而，你至少需要考慮設下時限，否則可能一年又一年過去了，你還是在聽各種藉口和承諾，卻沒有看到實際上的改變，雙方的感情也沒有更好。如果你已經到了凱倫這個地步，可能是時候考慮離開，或至少彼此冷靜一段時間，看看在你們拉開一些距離時，雙方的感覺有什麼改變。

不管被動式攻擊是不是你們之間的問題，切記有些事情是不變的道理：

- 人要爲自己的感受負責，就算自己選擇否認這些感受。
- 無論是好是壞，人要爲自己的選擇負責。

• 爲了建立更穩固的關係，人需要了解及表達自己的需求和界線。

貫串這一整章的，是人和人之間對溝通的需求。我們需要以誠實和同理心來溝通，而不是迴避內心感受，以虛與委蛇的行爲來互動。在下一章，我們要探討堅定果決的溝通，以及對打破被動式攻擊的循環、修復破損的關係而言，堅定果決的溝通能有什麼貢獻。

# 5

# 明確而堅定的溝通

艾比和吉姆跟一些朋友在英格蘭旅遊時，艾比在石子路上跌倒了。她伸手去撐地面，免得整個人摔到地上，結果傷到了手臂。雖然只是一點點骨折而已，但接下來的整個下午，其他人去參觀幾間古老大學時，她都得待在當地一家醫院的急診室。

吉姆留在醫院陪她。他握著她的手，但他一語不發。他在想去年的義大利之旅。那次艾比是在走出教堂時，最後一級台階沒踩好，重重地跪倒在地。她沒受傷，但一邊膝蓋嚴重瘀青。整團人（吉姆念大學時的一些老同學）接下來要去湖區，他們每晚會在一個不同的地方下榻，白天的爬山行程都計畫好了。吉姆知道他和艾比跟不上，所以他們在威尼斯待了幾天，再到米蘭和整團人會合。

現在，他們在牛津醫院等候。艾比很沮喪，她一遍又一遍地說著「對不起」，吉姆只是點點頭，努力擠出笑容。最後，她加了一句：「有時候我就是這麼笨手笨腳。」吉姆笑了出來，他說：「是啊，尤其當我們在旅行的時候。」她也笑了，但不知笑點何在。事實上，她已經忘記威尼斯那次的插曲了。當她想起威尼斯之旅，她對那幾天充滿美好的回憶，覺得那一趟是最美好的假期之一——她平常難得和吉姆那麼親近。艾比是吉姆的第二任太太，年紀比他小一大截。和他們一起旅行的朋友都是吉姆大學時代的麻吉，這些麻吉也會帶上他們的太太。她知道吉姆喜歡和大家同進同出，但她樂得和他獨處一段時間。

這次艾比只是傷到手臂。重新加入團隊共進晚餐時，吉姆說：「至少這次我們不用脫隊。除非要用手走路，那我就得重新考慮了。」先生們揶揄吉姆說他想找藉口和艾比單獨待在科茲窩（Cotswolds），太太們則很同情。艾比不確定吉姆在想什麼，但她想這個風波很快就會平息。畢竟石子路又濕又滑，她又不是故意要跌倒的。

儘管如此，他還是把她丟給其他太太們，自顧自和他的老同學走在一起、忙著拍照。艾比手上打了石膏，有些事對她來講比較困難，但其他太太會幫她，而且她們很貼心，讓她覺得自己備受款待。

本書讀到這裡，你可能看得出這個案例裡的一些被動式攻擊行爲了。吉姆拿他太太的傷開玩笑，但他的笑話聽起來很尖銳，沒有要讓她好過一點的意思。而艾比接連兩次旅行都受傷，我們也不禁有點懷疑她的動機了。

這兩人之間的溝通管道顯然不暢通。如果界線是自我形象的藍圖，那麼這些線條是用言語畫出來的。在第四章，我們看到界線是被動式攻擊關係中的重大問題。爲了讓旁人知道我們的界線在哪裡，我們需要進行有效的溝通。

一旦涉及被動式攻擊，這兩個步驟都成了挑戰。陷入被動式攻擊循環的人往往沒有界線或界線模糊，在他們身邊的人必須小心界定並守護自己的界線，否則他們就有可能越界。此外，被動式攻擊者往往不願表明自己的界線，因爲他們怕會引起憤怒——要麼引起自己的憤怒，而發脾氣是他們深深畏懼的一件事；要麼引起旁人的憤怒，而他們不想冒險失去身邊的人。

如果多年來你都不敢坦率表達自己的需求，那就很難要你冒著讓人失望或生氣的風險，說出自己的感受或告訴別人你要什麼。第五章的目標是要幫助你超越被動式攻擊行爲，或至少朝更誠實、更直接的溝通多邁進幾步。如果你正想戒掉自己被動式攻擊的習慣，本章會讓你看到不畏衝突、開始表達自身需求的辦法。對於在被動式攻擊者周遭的旁人，第五章則會帶你認識跟他們清楚、積極溝通的辦法。你會學到如何進行有建設性的溝通，而不激起他們的防衛行爲。

你們雙方都要知道什麼叫做堅定果決的溝通。你們也必須明白一個人如果堅決表達反對（基於好意和互敬互重），他/她的表態其實有助於建立更穩固、更親近的關係。一開始，我們先來看看四種主要的溝通風格：果決型、侵略型、消極型、被動式攻擊型。你可以看看自己最符合哪一種風格。

## 辨認你的溝通風格

我們在前言中探討過四種人格類型。現在，我們要回到這四種類型，並特別針對它們所牽涉到的溝通風格。

### 侵略型

在自卑感及無力感作祟之下，展現出侵略性的人，在談話中往往一副盛氣凌人的姿態，從頭到尾採取欺壓手段。具體的展現方式可能是發脾氣、咆哮、或出言侮辱。但「比大聲」不是重點，侵略型溝通法的目的在於支配，箇中高手或許能用說謊、開玩笑、或賣弄專業達到目的。這種溝通風格最明顯的線索在於別人都沒有置喙的餘地。侵略型溝通者的基本訊息是：「你一句話都不准說！」

侵略型溝通者的特徵有：

- **反應激烈**、**咄咄逼人**。他們很容易「神經斷線」，氣呼呼地衝進房間或拂袖而去，只要別人和他們意見不一致就大發雷霆。他們的姿態、口氣和措辭以威脅恫嚇爲目的。

- **批評、指責他人**。一旦事情出了差錯，他們就會起而攻擊、責怪、詆毀。
- **專橫跋扈**。爲了「被聽到」，他們講話很大聲，而且常常打斷別人。
- **輸不起**。「贏」就是一切，他們非爭到別人放棄不可。

## 消極型

消極逃避溝通的人說得很少，他們不會表達自己的需求、捍衛自己的權益、發表自己的意見。消極逃避者往往不理會他人的侮辱和自己的委屈，對受到侵犯的界線視而不見。如果他們難得發了脾氣，事後會立刻覺得自己的表現很丟臉，於是連忙退回消極被動的狀態。消極型溝通者的訊息是：「沒關係，無所謂。」

消極型溝通者的特徵有：

- **不好意思**。即使只是表達一點點小小的需求，他們也覺得很不好意思，而且他們會爲對他們不好的人找藉口。
- **退縮**。他們的肢體語言顯得猶豫遲疑。他們迴避眼神接觸，講話害羞怯懦。
- **手足無措**。問他們的意見，他們會支支吾吾說不出話來，直到有別人接話爲止。

- **討好他人**。你很難跟消極型溝通者達成共同的決定。面對「你要什麼」之類的問題，他們的答覆是「都可以，隨你便」。

## 被動式攻擊型

表面上，被動式攻擊型的溝通法看起來可能和消極型一樣，但你需要觀察得更仔細。消極型溝通者可能偶爾爆發一次，被動式攻擊型溝通者的憤怒則可能是透過挑毛病和冷嘲熱諷的方式，不經意地流露出來。被動式攻擊型溝通者可能對他們造成的觀感沒有自覺，或至少看起來沒有自覺。被動式攻擊型溝通者的訊息是：「我沒有別的意思，我不知道你為什麼不高興。」

被動式攻擊型溝通者的特徵有：

- **犯嘀咕**。他們嘟嘟囔囔說得很小聲，讓人聽不到。你如果問他們說什麼，他們會說「沒什麼」。
- **口是心非**。他們嘴巴上說的是一回事，臉上的表情則是另一回事。他們臉上在笑，但言語惡毒。
- **冷嘲熱諷**。他們躲在冷嘲熱諷的背後。你如果說你不想出門，他們會酸溜溜地說：「好辛苦喔，你一定累壞了吧。」語氣裡毫無體貼之意。

## 果決型

果決型溝通法既清楚又直接，源自強大的自我價值感和積極建立界線、表達需求、捍衛權益的渴望。採取這種風格的人本身也樂於傾聽，而且願意理解談話對象。果決型溝通法是有建設性的溝通法，雙方在共同合作之下，達致彼此都能滿意的結果。

果決型溝通者的特徵有：

- **心平氣和**、**態度尊重**。他們不會以牙還牙、以憤怒回應憤怒；相反的，他們只是清楚表達自己的需求和感受。
- **自信但樂於配合**。他們會站穩自己的立場，但他們也想達到眞正的共識。
- **樂於傾聽**。他們明白別人可能有不同的意見，而且他們想聽。
- **穩重自持**。他們姿態放鬆、語氣冷靜，交談時保持眼神接觸。

果決型溝通法鞏固人際關係，幫助雙方了解對方，拉近彼此的距離，促進人與人之間的親近。

## 溫和且堅定的溝通之道

果決型溝通法是雙贏的有效辦法，它讓你在表達個人意見的同時，又能得知別人對同一件事作何感想。一旦成功達成果決的溝通，雙方都應該會對這次的交流和獲得的結果很滿意。我們回頭看看艾比和吉姆是如何計畫出國旅行的。

一天晚上，晚餐過後，吉姆宣布了英格蘭之旅的計畫。「保羅今天跟我聯絡。我們用電郵來來回回討論了今年一起旅行的行程，看來會去英格蘭。」

「喔……」艾比一陣失望，她說：「所以你們每年都要一起旅行嗎？」

「幾乎都會。打從畢業以來就固定這麼做了，否則我們沒有碰面的機會。反正你和他們的太太也可以一起去。你喜歡他們吧？」

「是，他們人很好。」

吉姆感覺艾比不太開心。「怎麼了嗎？你不喜歡英格蘭？還是你去過了？」

「不，沒有，英格蘭很棒。」艾比盡量擠出一點熱情。「我上次去那裡已經是十多年前了。我們一定會玩得很開心。」

「好。」吉姆說：「我請他們的太太跟你聯絡日期等等事宜。」說完，他就伸手去拿電視遙控器。

這次談話幾乎是立刻就犯了錯誤。首先，在這個案例中，吉姆屬於侵略型的溝通者。他直接把決定告訴艾比，絲毫沒有要艾比提出自己意見的意思。艾比也沒有表達她的錯愕，而是藏起她的不悅，開始迎合吉姆。我們來看看如果艾比換個反應，事情可能會如何發展。

一天晚上，晚餐過後，吉姆宣布了英格蘭之旅的計畫。「保羅今天跟我聯絡。我們用電郵來來回回討論了今年一起旅行的行程，看來會去英格蘭。」

「蛤？」艾比一陣失望，她說：「我以爲今年我們兩個要自己去耶。上次在威尼斯，我們兩人玩得那麼開心。」

吉姆微微一笑。「威尼斯是很棒。但我們四個總是會帶著太太，全體一起旅行。這是我們聯絡感情的方式。」

艾比點點頭。「和老朋友聯絡感情是很重要。我知道他們對你來說很重要，而且我也喜歡他們。」

吉姆注意到她的猶豫。「可是？」

「我們兩人工作都很忙，難得有不受打擾的獨處時間。或許我們需要趁出國旅行，享受一下兩人世界。」

「威尼斯很好，即使那次你膝蓋受了傷。」吉姆說：「但我不知道我們今年有沒有出國兩次的預算。」

「不見得要出國。我們可以只是去山上度個週末。」

「事實上，我聽說有個好地方，我來研究研究。」

「英格蘭一定很好玩。」艾比現在眞心期待起來了。「你們幾個排好行程了嗎？」

請注意，雙方在這次談話中對彼此都很體貼。他們明白表達了自己的意願，但整個過程毫無意見不合的感覺。他們以尊重、平和、清楚的方式表達了不同的意見。

被動式攻擊者之所以畏懼衝突，其中一個原因是，衝突在他們眼裡只有一種發展方向：「要是意見不合，我們會氣得對彼此開罵，傷害彼此的感情，而且最後總有一方會輸。」輸的通常是被動式攻擊者，避免痛苦或衝突就變成他們的當務之急，於是被動式攻擊者壓下自己的怒火，採取迂迴、隱晦的方式表達憤怒。

但傷感情並非起衝突必然的結果。事實上，研究顯示，衝突有助於滋潤人際關係、營造良好的感情，儘管過程有時讓人不舒服。我們在第六章會更進一步探討，但在結束這個主題之前，艾比和吉姆之間的談話還有另一種可能，火藥味稍微濃了一點。

一天晚上，晚餐過後，吉姆宣布了英格蘭之旅的計畫。「保羅今天跟我聯絡。我們用電郵來來回回討論了今年一起旅行的行程，看來會去英格蘭。」

「啊？」她說：「我不知道你們又有一起旅行的計畫。」

「我的確還沒跟你提過。」吉姆說：「通常是我們幾個挑地方，做太太的只要跟著去就很高興了。」

艾比一時怒火中燒。吉姆的三個大學老友和他們的「第一任太太」還在一起，她們都是聰明、有趣的女人，但她們總是不被當成個體看待。「『做太太的』，你的說法很有趣。」她搜索枯腸，想辦法描述她的感受：「在我眼裡，她們是莎莉、克莉絲和阿潘。」

「哦？」吉姆聽出風雨欲來的意味。

「我知道我是新來的太太。其他太太也是今晚接到消息嗎？」

吉姆感覺不太自在。「你不高興嗎？」

「我在想，旅行有一半的樂趣來自期待。把決定權交給你們幾個是可以，但至少讓我們知道一下你們在想什麼吧。你們在討論要做什麼的過程中，莎莉、克莉絲、阿潘和我，或許也可以集思廣益啊。」

吉姆覺得很煩，他的第一任太太從來不會計較這種事。但話說回來，她是她，艾比是艾比。「這對你來說很重要嗎？」

艾比露出笑容。「謝謝你問我。對，是有那麼點重要。」

「那好吧。」他想了想。「你知道，我們選中英格蘭，但還沒討論細節。或許太太們……」他看到她皺起眉頭。「或許莎莉、克莉絲、阿潘和你可以出點主意。」

她又露出笑容。

「這樣比較好了嗎？」他問。

「好多了。我來打電話給她們。」

到了談話尾聲，吉姆得知他的現任老婆想參與關係到他們雙方的決策。雖然沒有挑明了講，但她也談到對女性的尊重。我試圖幫助夫妻明白的一件事是，衝突能強化兩人的關係——如果是以正確的方式進行。有建設性的衝突就是在實現果決型的溝通。

身陷被動式攻擊循環的人需要重新看待衝突，並且知道衝突的結果視開啓衝突的談話風格而定。

## 不帶指控與批評地說出自己的想法

無論參與討論的人或牽涉到的主題是什麼，果決型溝通法有一些共同的特徵：發揮同理心、第一人稱敘述法、主動傾聽，以及有效的說法。我們一一來探討。

### 以同理心為彼此著想

果決型溝通法最大的一個前提看起來可能有點矛盾。我知道我一直叫你要清楚表達自己的需求和界線，但在此同時，你也要把對方的需求與界線放在心上。艾比或許很想和吉姆單獨回威尼斯度一星期的假，但她也體認到（並且尊重）吉姆和老朋友聯絡感情的需要。相對的，吉姆感覺艾比跨越了他前妻不曾危及的界線，但他也明白她和他前妻是不同的人。

最理想的果決型溝通會帶來雙贏的結果。有些在這個領域的專家相信，「沒人輸」比「有人贏」更重要。人都不希望自己受到剝奪，也不希望自己的意願和感受遭到忽視。藉由採取雙贏的溝通法，雙方最後都能保有完整無缺的權利和尊嚴。

雖然「尊嚴」聽起來像是屬於另一個世紀、另一個星球的字眼，但它對人來講還是很重要。在有輸有贏的情況下，無論你輸掉了什麼，你的自尊也會跟著一併輸掉。對被動式攻擊者而言，輸掉自尊又更強化了他們的自卑和受害情結。對周遭旁人來說，在令他們困惑和惱怒的情況中，保有尊嚴極爲重要。

那麼，在進行溝通時，要如何把對方的需求和界線放在心上?試著懷有一點同理心。我們在第二章討論過這個特質。對根深柢固的被動式攻擊者來講，要同理他人可能不是那麼容易；對周遭旁人而言，同理被動式攻擊者則可能要冒一點風險。儘管如此，同理心仍是果決型溝通法的基礎。

我們常說要「站在別人的立場想」，更貼切的說法是「設身處地，將心比心」：去感覺別人的感受，從別人的眼光來看你自己和這個世界。同理心加深了我們對家人、伴侶和朋友的愛。我們看到「眞實的」他們，而不是我們「想像中」的他們。我們欣賞他們本身的特質，而不只是欣賞他們爲我們所做的事。我們承認他們可能有不同的想法和感受，即使他們和我們共享一樣的經歷。同理心讓我們試著去了解、去支持他們的需求，而不是只想滿足自己的需求、達到自己的目的。

歐亨利（O. Henry）有一篇廣爲流傳的短篇小說，叫做〈最珍貴的禮物〉（The Gift of the Magi），這篇故事就提供了一個很棒的例子。一對手頭拮据的夫妻想送對方一件完美的聖誕禮物，丈夫賣了他的懷錶，這樣才有錢買美麗的梳子和頭飾，送給有著一頭耀眼長髮的妻子。妻子卻賣了她的頭髮，買了一個錶袋給她的丈夫裝懷錶。雖然我們可能希望能有更好的結果，但當我們支持對方的願望與需求時，便是發揮了同理心，而不是把我們自己想要的加諸在對方身上。

少了同理心，你可能會假設別人的需求和界線就跟你一樣，而且他們對人生一切大小事的感受也都跟你一樣。這種觀點忽視了他人的個體性，結果就是你的假設可能陷你於麻煩之中。當你帶某個人去你愛的壽司吧，結果卻發現他從不吃生魚片，你可能會覺得受到冒犯。如果你只以某個人爲你提供的功能看待他（舉例而言，這個人總是陪你看電影，他爲你提供了一個上電影院的良伴），一旦他不想再提供下去的時候，你可能就會不高興。

除了尊重別人的個體性，你也需要對別人有更深層的了解，才能以同理心對待他們。同理心爲別人傳達了你「懂」他們的訊息，而我們都希望自己有人「懂」，尤其希望身邊最親的人能懂我們。培養同理心能幫助你跨越被動式攻擊行爲模式的阻礙，讓你和你愛的人更親近。

根據研究，除了爲你愛的人帶來安慰，同理心對你的健康也很好。研究顯示，常有利他的想法或爲他人的幸福快樂著想，可減輕身體對壓力的發炎反應，並降低罹患相關疾病的風險，包括心臟病、糖尿病和失智症。

練習17

## 培養同理心

1. 想想你的伴侶、朋友、家人或同事。
2. 最近幾天他/她的心情如何？
3. 這個人的生活中發生了什麼可能讓他/她快樂、難過、焦慮或生氣的事？
4. 這件事你是否也有份？你做了什麼？
5. 你能做什麼或說什麼來改善這個人的處境？

對被動式攻擊者來說，培養同理心是舉足輕重的一課。至於在他們周遭的人，則要注意別讓同理變成是在幫他們的行爲找藉口。

## 為自己發聲

當人與人彼此同理，便是嘗試以別人的眼光來看世界或眼前的狀況。然而，這和假設我們知道別人的想法和感受不同。同理心不可或缺的一環在於視他人爲個體。

在果決型的溝通中，第一人稱敘述法就反映了我們對彼此是個體的認知。所謂第一人稱敘述法，意思是把「我」的想法或感受說出來，不去指控對方造成問題，也不告訴對方應該做什麼來修正問題。

果決型第一人稱敘述法：「『我』今天累了，如果有人幫忙，『我』會很高興。」

被動式攻擊型第二人稱敘述法：「『你』只要空出時間，就可以幫我做這件事。『你』從不幫忙做家事。」

第二人稱的「你」通常是用來控制或批評，出發點不見得是惡意，然而聽在別人耳裡，就連好意的批評也可能很刺耳。最好的批評是，人家問了你再說。即使敘述的是負面的內容，第一人稱敘述法卻能帶來不同的效果。舉例如下：

| 第二人稱敘述法（指控） | 第一人稱敘述法（持平） |
| --- | --- |
| 「你在大家面前批評我的廚藝，你這麼做真的很傷人。」 | 「聽到你不喜歡我為大家準備的晚餐，我很難堪，也很生氣。我想知道你的想法，但我寧可你私下告訴我。」 |
| 「你應該去找牙醫看一下牙齒，你的牙齒都黃了。」 | 「前幾天我讀到有一種新的牙齒美白技術。你聽過嗎？」 |
| 「工作都被你搞砸了。你從頭到尾都狀況外吧？」 | 「我想和你坐下來聊聊上次的任務。我想解釋一下你負責的部分和我們的整體策略有什麼關係。」 |
| 「為什麼你有話從來不直說？你快把我逼瘋了。」 | 「我感覺你好像有話沒說。我寧可聽你說你真正的想法，即使我們可能意見不一致。」 |

被動式攻擊型溝通者假設所有的討論都會引爆口角。表格中的例子示範了如何以不具威脅的方式進行溝通。如果你擔心一點點的抱怨都會惹得被動式攻擊者不高興，這些例子也爲你提供了重要的一課。第一人稱敘述法往往能讓人卸下防衛、把話說開，針對引人不悅的言行舉止好好溝通。

## 學習成為一個好的傾聽者

如果你參與過小組討論，你可能就碰過這種情況：某個人一心想讓大家聽他的意見，結果他都沒在聽別人討論。他在腦海裡演練著自己的台詞，殊不知話題已經轉往截然不同的方向，於是他一開口就顯得偏離主題，或者他說的話別人已經在他恍神時說過了。

雙邊談話中也會發生這種情況。「聽」是一種被動的活動。就生理構造而言，我們的耳朵天生就是保持常開，聲波穿過耳道，被內耳的神經末梢接收。「傾聽」就不一樣了。「傾聽」主動得多，也全面得多。除了耳朵本身，傾聽還牽涉到大腦的思考、記憶與感受。「傾聽」和「同理心」是一對好搭檔，有它們聯手，就能破解兜來兜去吵不出所以然來的爭論。你可以透過傾聽培養同理心，而同理心又會幫助你成爲一個更好的傾聽者。讓傾聽發揮效用的重點如下：

- **專注於當下**。清空腦袋裡與眼前談話內容無關的思緒，撫平自己被對方一開始說的話激起的不悅反應。
- **卸下以小我為中心的防衛心態**。無論是你或對方，如果憤怒或其他情緒太過強烈，不妨提出容後再談的建議。對方如果說了什麼負面的言語，不要以牙還牙或拂袖而去。
- **抱持正面的想法和感受**。將心比心同理對方，要知道他的出發點是正面的，他對你沒有惡意。
- **把重點放在重點上**。聽對方說話時，找尋你認同（或多少有點認同）的點，以你認同的點為基礎建立共識。

童年經驗讓被動式攻擊者認爲沒人要聽他們的意見。周遭旁人若能練就一身傾聽的功夫，不僅能讓他們覺得自己受到尊重，對於幫助他們建立安全感也將大有助益。

## 肯定並接納對方的感受

另一個幫助被動式攻擊者的技巧是肯定他們的感受。這麼做證明了你有在聽、你聽進去了，而且你對他們有共鳴、你們雙方都有同感。諮商時，我常看到個案渴望自己有人傾聽、有人理解。當家人不認同他們，隨著時間過去，他們心裡的憤怒就會越積越深，而我們已經看到這對被動式攻擊行爲有什麼影響了。

當我們和朋友一起去看電影，劇終亮燈時，我們首先可能會彼此互問：「你覺得怎麼樣？」對多數人，這只是單純的交換意見，不管作何回應都不涉及彼此的自尊。事實上，我們可能很享受一來一往聊聊彼此喜歡什麼、不喜歡什麼、誰表現得最好之類的。

眞正的認同涉及更爲深刻的層面。隨著孩子的經驗越來越寬廣、複雜，父母應該要能協助他們認識並接納自己的感受。然而，我們已經看到，有許多父母因爲自己對情緒的畏懼，因而忽略或搞砸了這個任務。這是其中一種日後養成被動式攻擊傾向的童年生長模式。周遭旁人可以幫助被動式攻擊者修復這道童年的舊傷，而透過果決型溝通給予他們認同，就是一個很好的策略。

**1.回想對方說了什麼**。覆述對方的說法，不要加進你的個人意見，以確認自己清楚了解對方。你要用心傾聽，有時可能要來回覆述不只一次，才能完全了解對方的意思。

蘇：老闆要針對新的電腦計畫辦講座，截至目前爲止，我都沒有受到邀請。

比爾：所以，他們要辦講座，你想去，但你沒有受邀，是這樣嗎？

蘇：是。

比爾：可是我感覺還有其他你在意的點。這個講座對你的工作很重要嗎？

蘇：我還滿懂電腦的，但這個講座有可能幫助我把工作做得更好。如果大家都去了，就我沒去，那我會落入什麼處境呢？

比爾：你覺得自己被遺漏了，而且你擔心後續可能對你的工作有影響。

**2. 肯定對方的感受**。讓對方知道你懂。

比爾：換作是我也會不高興。你工作得很努力，而且你值得受到尊重。

蘇：謝了，我也是這麼想。我不知道自己爲什麼被冷落了。

**3. 展現同理心**。讓對方知道你有同感。

比爾：我有過一樣的經驗。有一次，大家要去鳳凰城的分部出差，唯獨漏掉了我。我很不高興，直到老闆解釋說在他們出差時，她需要有個信得過的人留在總部。

蘇：所以我不見得是被冷落了。

比爾：不妨去了解一下。

秉持典型的被動式攻擊作風，蘇沒有主動找老闆談邀請她的事，而是直接斷定這是在侮辱她，對她的工作甚至可能是一種潛在的威脅。她的搭檔比爾協助她表達內心的感受，並探究這些感受可能蘊含的意義。他的肯定讓她有勇氣去找老闆談這件事。結果眞相大白，蘇的老闆覺得以她的專業度而言，講座的內容太基本了。他表示很歡迎她出席，說不定她還可以幫忙補充一些東西！他只是不想爲了不必要的事情浪費她的時間。

## 果決型溝通的原則

閱讀這一章，你已學到許多果決型溝通的技巧，也學到果決型溝通如何幫助你跳脫被動式攻擊的循環。可能從孩提時期起，你就落入了這種循環。本章的例子向你示範如何以正面的方式表達憤怒，並藉由憤怒傳遞給你的訊息，來辨認自己未能滿足的需求和遭到侵犯的界線，如此一來，你就不必再用氣話、指控、冷嘲熱諷和操弄人心的手段來達到目的。

- 練習對要求說「不」。如果你沒時間，清楚表明自己沒時間即可，不需多做解釋。
- 開始用第一人稱敘述法表達你對情況的不滿。「我覺得不公平」比「你對我不公平」來得平和，較不容易激怒他人。
- 處理潛在的衝突時，注意自己的肢體語言。直視對方，雙腳站定（不要一直換腳站），不要做誇張的手勢。
- 注意自己的情緒反應，並注意這些情緒反應引起的知覺感受。盡量把你的情緒排除在討論之外。你需要感受自己的情緒，但接著就要轉而以理智的話語表達你的觀感。
- 在低風險的情境下練習果決型溝通法，例如和朋友或同事練習。不要一開始就跑去跟你的老闆談加薪。

## 面對被動式攻擊者，更要積極和他們溝通

如果你和一個有被動式攻擊行爲的人一起生活或工作，你知道試圖指出對方的問題可能就

像闖進地雷區。一旦說錯話，你就可能撞上一堵防衛和否認的高牆。被動式攻擊的人既不想直接處理他們的憤怒，也不想面對自己迂迴表達憤怒的後果。他們會搪塞你，甚或把你的指控當面丟回給你。然而，這就足以讓你火山爆發，並且讓你們的關係沒有進展。

## 如何幫助對方

在過去的歲月裡，被動式攻擊者學到藏起憤怒、嫉妒、恐懼、怨恨和受傷的感覺是最安全的。然而，在一段良好的人際關係中，你或許能說服他們談談內心的起伏。他們必須要能相信你不會報復或爲他們貼上「壞人」的標籤。你要找到辦法讓你們雙方都覺得受到傾聽與尊重。你要懷著滿足雙方需求的目標，盡一己之力進行果決、清楚、公平、理性的溝通。

被動式攻擊者也能學著更直接，只要你按照本章的果決型溝通法指導原則去做：從他們的角度去看、傾聽他們想說的話（即使不中聽，你也要洗耳恭聽、尊重他們），並對他們的反應表示認同。你或許明白有話直說的好處，但他們並不明白；你得對他們循循善誘才行。

我還很鮮明地記得，我婆婆一不高興就會縮進她的殼裡，像是有一層透明的塑膠膜將她隔絕開來，你看得到她，但你絕對碰不到她。剛結婚的那幾年，我先生也有一樣的習慣。我心裡會想：「你變成你媽了！」（順帶一提，不要跟人說他們的行爲就跟他們的父母一樣，說這種話勢必會掀起戰火！）相反的，我說：「每當你築起一道牆把我擋在外面，我看得到你卻無法靠近你，我眞的覺得很受挫。我需要你卸下防衛、給我回應。」

最近有位個案向我抱怨她丈夫氣呼呼地回到家，我問：「你有沒有問他怎麼了？」她說：「沒有，我只有跟他說他臉很臭。」我發現人與人之間常常不問彼此在想什麼、有什麼感覺。爲什麼不問呢？一部分原因就在於許多人都有情緒恐懼症。他們沒有解決自己過去的問題，於是深怕別人流露出來的情緒會牽動他們自己的情緒。他們不想聽別人說發生了什麼事，免得聽了覺得受傷或生氣。

當你看到對方有話不說，反倒縮了回去，不妨溫和地說：「我感覺你有點退縮，不曉得是怎麼了？如果你需要聊一聊，我很樂意聽你說。」或是：「如果你願意談，我就在這裡喔！」注意要用和緩的用語，像是「我感覺」和「你好像」，而不是採取會讓人感覺受到指控、批評或冒犯的用語，例如「你就是」。如果是你誤會了，搞不好你會在一開始就先惹得對方不高興，殊不知根本沒事。

我們再來檢視一次艾比和吉姆的例子，看看他們在急診室共度的時間要如何變得更有建設性。這次我們姑且假設艾比是兩人中的被動式攻擊者，而在雙方的互動之下，吉姆也養成了一點被動式攻擊的習慣。

現在，他們在牛津醫院等候，艾比很沮喪，她一遍又一遍地說著「對不起」。

「我也覺得很遺憾。」吉姆說：「有你參與的行程好玩多了。」

看他沒有生氣，艾比放下心來，她說：「你還記得我在威尼斯傷到膝蓋吧。」

他捏捏她的手。「事實上，我剛剛就在想，連著兩次出國玩你都受傷。」

「我知道我毀了你的義大利之旅，但你知道我不是故意受傷的。」

他感覺到她的自我防衛，於是伸手摟住她的肩膀。「你當然不是故意的，而且你沒有毀掉義大利之旅，只是跟本來計畫的不太一樣。你不覺得我們在威尼斯玩得很開心嗎？」

她冷靜下來。「是很開心，但你本來應該要跟你的朋友去爬山。我眞的很抱歉，這次不會再那樣了。」

吉姆點點頭。「我們可以在這裡多待一天，因爲我想參觀那幾所大學。我們到倫敦再和其他人會合，沒關係的。」

「你不生我的氣嗎？」

「我一開始是不高興，但主要是因爲擔心。我知道你有被動式攻擊的問題，我想確定是不是有什麼事令你不滿意，我們才好一起解決。」

被動式攻擊者很難開口談自己的感受，因爲他們害怕引起衝突或漸漸失去你的關愛。周遭旁人可能需要主動打開話匣子，並且如同吉姆的做法，在談話過程中安撫對方，一方面向她保證你對她的感情，一方面表現出你有傾聽的意願。

## 如何幫助自己

你可以立下一些溝通公約，當作是強制措施，防範被動式攻擊者逃回冷嘲熱諷、說閒話和罪惡感的舒適圈（對他們來講是舒適圈）。溝通公約是向他們保證談話會很平和的一個辦法。這些公約也建立起一套架構，讓你們能溝通得更順暢。

依你們的交情而定，你可能對公約內容有一些想法，不妨從下列條約開始：

- 在約定好的談話時間內，雙方都要全神貫注，不接電話，沒有其他的干擾。
- 不准指控或責怪對方。雙方只談自己的感受，不去假設對方爲什麼說你反對的話或做你反對的事。

- 輪流發言，不准搶話。如有必要，可以用一件物品來指定發言者，雙方一來一往傳遞那件物品。
- 不准提高嗓門。如果有一方覺得氣到要爆炸了，你們可以暫停一下，雙方都不說話。到了冷靜的時間結束時，如果還是氣得不得了，那就容後再談，等到你們雙方都做好準備、可以平靜地交談爲止。

這些公約可以給你們一個空間，在這個空間裡，雙方都能安心表達感受，任何橫在兩人之間的問題都能拿出來談。

在這一章，我們看到果決型溝通法如何幫助被動式攻擊關係中的雙方，透過有建設性的方式，討論彼此的想法和感受。我們也談到了破除有關衝突的迷思、讓衝突顯得不那麼可怕的重要性。有鑒於對衝突的恐懼在被動式攻擊關係中扮演著舉足輕重的角色，我們在第六章會更深入探討這個主題。

# 6

# 容許建設性的衝突

莫莉和她的獨生子丹尼爾住在同一座城市。離了婚的她，現在有很多自己的時間。她很想見到丹尼爾，但她覺得如果跟他直說，他會覺得她很可悲。所以她沒有直說，只是邀丹尼爾每週五過來吃晚餐。她喜歡在一週的尾聲有個期待，而且她認爲丹尼爾就像他老爸一樣，從來不會考慮自己下廚。她知道自己廚藝不佳，但她會煮老派的療癒食物：烤肉佐肉醬、馬鈴薯泥，還有簡便的冷凍包微波加熱蔬菜。丹尼爾向來愛吃她煮的東西。

對她兒子來講，搬出父母家最大的好處之一，就是可以擺脱她母親煮的食物。大學時代，他發現除了小時候那些高蛋白質的餐點之外，還有沙拉和義大利麵這些美味的選擇。他也很訝異原來煮熟的蔬菜還是可以保持清脆。自從有了自己的公寓之後，他就買了一、兩本食譜書，開始自己下廚。丹尼爾也想去陪陪他母親，他猜她自從離婚之後就沒什麼社交生活，但他受不了伴隨著拜訪她而來的食物。因爲不敢跟她說實話，他就找藉口逃避不得不吃的飯，有時到了最後一刻才通知她。他一個月才去找她一次，而不是像她想的一週一次。

兒子的爽約讓莫莉很受傷。她羅織了各種他不想來吃晚餐的理由，多半都牽涉到他偏愛她前夫，或他不願和她處在一起——這個家的男人似乎都不關心她。

她想過要問他爲什麼離她遠遠的，但她害怕聽到答案。

如同多數人，莫莉和丹尼爾怕極了實話實說可能引起的衝突。究其根本，莫莉沒花心思準備飯菜——她以爲邀他來吃飯是一根引誘他的胡蘿蔔，殊不知這件事很諷刺地成爲趕走他的棍子。她眞正要的是兒子的愛和陪伴。丹尼爾很樂意去陪她，也很關心她，但他怕自己要是說她廚藝很糟會傷她的心。

事情有更好的解決辦法，但雙方必須不畏衝突表達眞正的感受：莫莉想見丹尼爾，而丹尼爾不想吃她煮的東西。在莫莉和丹尼爾的這個例子當中，衝突輕易就能獲得解決。

連續第三週，丹尼爾在星期四打來，藉故不去吃晚餐。「對不起啦，媽，可是突然冒出這件事，我沒辦法拒絕。」

「一堆大大小小的事情讓你整個月都不能來。」她說：「無論如何，事有輕重緩急，你就去忙吧，我沒關係的。」

丹尼爾猶豫了一下，接著心生一計。他說：「聽著，星期五我很難空出時間，我們何不改到星期日晚上，這次換你過來我這裡？」

「我想我可以帶點吃的過去，我們兩個簡單吃。」她感覺有點慶幸地說。

丹尼爾皺起眉頭。「欸，媽，我已經學會自己下廚了，你只要人過來就可以了。」

莫莉很訝異她兒子竟能做出這麼美味的料理。席間她也發現丹尼爾的口味變了，和小時候不一樣。他們決定每星期天輪流在彼此家裡一起做菜。他們感覺共進晚餐爲兩人建立起更緊密的關係了。

如你所見，衝突不見得會搞得場面火爆，最後也不見得非輸即贏、損失慘重。爲什麼會有衝突恐懼症？就跟很多事情一樣，我們看待衝突的態度源自童年。如果家裡人一有衝突就是大吵大鬧，有時還涉及暴力，那麼經驗就告訴我們：起衝突就代表會有人受傷，而且有可能是我們受傷。如果生在一個極力避免一切衝突的家庭裡，我們可能從沒學到如何把衝突變成有建設性的工具。這件工具不僅能解決爭端，還能促進了解、培養同理心，而在愛的關係裡，了解與同理是兩個重要的元素。依賴被動式攻擊行爲的人往往來自缺乏衝突解決模範的家庭。他們也因爲深怕一點點的意見不合就會導致關係破裂，所以一心避免任何衝突。

因爲別人可能會有的想法或表現而不敢說出我們的感受，這背後的癥結在於我們對遭到拋棄、開除、離婚或踢出遺囑的焦慮。爲免對方離我們而去，我們就在心裡累積了莫大的憤怒與怨恨。但除非對方允許，否則以和善的方式表達我們的感受是不會對別人構成威脅的。雖然丹尼爾讓他親手做的週日晚餐代他說話，但就算直接告訴他母親說他不愛吃她的料理，那也不會要了她的命。拒絕回家陪她吃飯很傷她的心，相形之下，批評她的料理反而還好一點。說你不愛她的料理只是在表達你的觀感，而不是在針對她。

如你所見，我提出了一個截然不同的眼光來看待衝突。憤怒是你的朋友，它讓你親近自己的感受，它爲你未獲滿足的需求和遭到侵犯的界線發出警告。同樣的道理，衝突也能成爲你的盟友。當我們臣服於自己對憤怒和衝突的恐懼之下，我們就會把自己困在不滿足的循環裡，限制甚或損害我們的人際關係。對每個人來說皆是如此，雖然對習慣被動式攻擊的人而言格外重要，但對於和他們關係密切的旁人來講，這也是很中肯的建言。

我們都有需求，這些需求有時會和別人的需求相互牴觸。要大家都和睦相處是不切實際的期待，但除了和諧共處之外，有效的衝突也能經由更深的了解拉近人際距離，並讓我們在合作之下滿足各自的需求。

所以，當彼此的需求相互牴觸，當你和伴侶、老闆、同事或朋友意見不一致，這下該怎麼辦？我們在第五章探討過一部分的解決辦法：學習以既堅定果決又富有同理心的方式溝通。到了第六章，我們要採取另一個步驟：以溝通為基礎，按部就班學習處理我們和別人有所分歧的情況。

第六章涵蓋各種行之有效的衝突解決策略，有助於為所有人際關係達到互益的局面。這些強大的工具告訴你如何設身處地了解別人、有效地分享你的觀點，並找到一個比妥協更理想的解決方案。由於這一切皆以談話為基礎，我們就來回顧一下第五章學到的溝通技巧，看看如何將之運用到發生衝突的狀況中。

## 果決的溝通，同理的傾聽

不管我們想從人生中的大小事得到什麼，溝通是讓我們達到目的唯一的途徑。溝通也是培養感情的不二法門，透過溝通所建立的關係才能做我們的後盾、豐富我們的人生。許多人沒有這方面的角色楷模，父母可能在不經意間傳授了不當的情緒處理方式給我們，有被動式攻擊傾向的人尤其如此。學習不同的溝通方式永遠不嫌遲，透過不同的方式，我們可以既表達個人立場，又懷著同理心體貼他人。

被動式攻擊往往和無力感及受害情結有關，但它也和自我中心密不可分。同理心果決型溝通法一併處理了這兩方面的問題。

果決的自我表達是受害情結的終結者。這種溝通風格讓我們覺得有力量為自己作主，而我們的力量也會傳遞給對方。無形之中，我們等於在告訴對方：「我相信我的想法和需求是合理的，我也相信你樂意聽聽我要說的話。」

懷著同理心傾聽能讓我們走出自我中心的世界，超越言語聽到另一個人試圖傳達的想法和需求。我們開始從另一個角度看這個世界和我們的處境。懷著同理心傾聽也能讓身邊的人知道我們在乎他們，而且我們想要更了解、更親近他們。無形之中，我們等於在告訴對方：「我明白你的想法和需求是合理的，我尊重也在乎你的感受。」

在我們用來探究及解決人際衝突的談話中，同理心果決型溝通法是不可或缺的法寶。有一些不成文的法則有助於讓談話成果更豐碩。

### 果決溝通的法則

- 保持冷靜慢慢說，不要急。
- 說法要具體明確，避免一概而論的遣詞用字，例如「總是」和「從來不」。
- 不要假設對方應該知道你的想法和感受。
- 以自信的態度提出你的觀點。

- 採取第一人稱敘述法，例如「我現在覺得有點傷心」，而不是「你很傷我的心」。
- 注意你的語氣和肢體語言。
- 堅定果決不代表霸占談話焦點或打斷另一個人。不要這麼做。

### 同理心溝通的法則

- 全神貫注，洗耳恭聽。不要一邊傳簡訊、玩推特、打遊戲之類的。
- 與對方保持眼神接觸，不要在對方說話時移開目光。
- 不要表現出無聊或不耐煩的樣子。如果你覺得心煩或無聊，調整一下你的態度，提醒自己對你來說真正重要的是什麼。
- 表現出尊重的態度，不要嘲笑或駁斥對方的感受。
- 提出問題來釐清對方的觀點，以確保你確切了解對方。
- 肯定對方所說的話。
- 不時向對方覆述他／她的說法，確保你們雙方都知道你了解他／她的意思了。覆述時不要對他／她的說法加油添醋，尤其是加上負面的形容詞，例如：「所以你現在想看那愚蠢的電視節目。」

若能隨時在平常的談話中練習這些溝通技巧，到了要透過談話來解決衝突時，你就會是個訓練有素的溝通高手，已經做好萬全的準備了。

## 針對問題溝通，避免離題失焦

在一段關係中，生氣或受傷的感覺是發生衝突的明顯徵兆。唯有在運用本書的技巧探究過生氣或受傷的感覺、判定這些情緒要告訴你的訊息之後，你才有辦法開始解決衝突。人在氣頭上，就很難把焦點放在解決問題上。除了怒火中燒的感受之外，你什麼也注意不到。

在這種情況下，我們很容易就會去抨擊或指責別人，但這麼做通常只是激起對方的自我防衛反應。具有被動式攻擊傾向的人對批評格外敏感，而且他們的反應可能是不假思索就爲自己辯解或找藉口，不管他們是做了什麼或沒做什麼。你可以不要落入這種一來一往的循環，不要針對這個人，而是針對問題本身，不兜圈子單刀直入。

下述按部就班的衝突解決步驟，有助於避免落入離題的循環，達到解決紛爭的目的。

## 解決衝突七步驟

1. 冷靜下來，檢視你的憤怒，控制你的情緒。
2. 從各自的觀點討論並界定問題。
3. 一起腦力激盪，想想有哪些解決問題的備案。
4. 討論各個可能的方案有什麼利弊。
5. 以雙贏或至少沒人輸為目標，選擇對雙方最有利的方案。
6. 執行你們談定的方案。
7. 評估結果。這個辦法有效嗎？事後雙方再面對面聊一聊。萬一還有下次，怎麼做可以得到更好的結果？

這套辦法會幫助你透過既滿足自身需求、又滿足對方需求的方式，處理意見不合的狀況，並加強你們之間的關係。這套辦法中有一些適宜和忌諱的行為，有助於提高成功的機會。不妨按照你們的關係，量身打造一張屬於你們的表格。你可能會有其他想補充的重點。在坐下來討論造成衝突的問題之前，務必先讓雙方都看過這張表格。

| 適宜 | 忌諱 |
|---|---|
| 專注在現在和未來 | 翻舊帳炒冷飯 |
| 以尊重的語氣說話 | 大呼小叫 |
| 尊重對方的感受和想法 | 口出惡言辱罵對方 |
| 為自己的行為負起責任 | 做出侮辱的表情 |
| 花必要的時間達成共識 | 單方面告訴對方該怎麼做 |
| 把重心放在解決問題，而不是放在誰對誰錯 | 拳腳相向或撂狠話 |

## 爲衝突解套的實用策略

現在我們手邊已經有一個粗略的架構，接下來是一些能用來解決衝突的具體技巧。在此就以蘇菲雅和賴瑞舉例說明。

在兒子保羅的整個求學期間，蘇菲雅一直都是在家工作。現在，保羅再一年就高中畢業了，蘇菲雅覺得閒不下來，她想出去上班，但老公賴瑞不肯和她談這件事。他就是把她拒於門外。以下是其中一個他拒絕談話的例子：

「今天我和一個客户聊了聊，看來他們公司有可能要徵人。」蘇菲雅說。

「你為什麼非得沒事找事不可？我們這樣很好啊，不是嗎？你接到很多工作，你在車庫上面有一間有模有樣的辦公室。你還要我給你什麼？」

「我希望你能聽我說。」

賴瑞伸手去拿遙控器，打開電視看新聞。

賴瑞一直以被動式攻擊的態度面對衝突。在他看來，如果他拒談，那麼他們就不算眞的吵架。他要他們維持現狀。

## 輪流發言對談法

在作家及教育專家馬文．馬歇爾博士（Dr. Marvin Marshall）的輪流發言對談法（Taking Turns Conversation）中，雙方都有說話的機會，另一方要洗耳恭聽。第一位發言者針對一個主題發表簡短的意見，傾聽者接著闡述一下他/她剛剛聽到的內容，不加進任何個人意見。如果第一位發言者的語意不明，傾聽者可以試著闡述看看，再請對方加以釐清。談話就按照這種方式，以第一位發言者爲焦點，一來一往繼續下去。

第一位發言者享有十到十五分鐘的發言權。待雙方都對第一位發言者的觀點有更清楚的認識之後，就輪到第二位發言者針對同一件事或其他議題，提出自己的想法和感受。輪流發言的過程中，重點在於安心探討目前的問題。

蘇菲雅説服賴瑞嘗試用輪流發言對談法，解決他倆的幾個爭議點。

> 在輪流發言的架構底下，蘇菲雅解釋説她在家接行銷工作賺取的收入雖是滿穩定的，但她用這種方式能賺的有限。在保羅的成長過程中，她答應要在家接案，但保羅現在已經是高中生，課餘還要忙課外活動，忙到傍晚五點之後才回家。她聽説客户那邊有一份職缺，她自認是很好的人選。她迫不及待想迎向新的挑戰了。賴瑞聽完之後，闡述了蘇菲雅告訴他的話。
>
> 輪到賴瑞發言時，他説兒子再兩年内就要上大學了，他很擔心存不到足夠的錢。市場起起伏伏，已經對他們既有的存款造成損失。他自己經營一間家具行，

他擔心生意也會出問題。他告訴她，他很感激她在保羅小時候願意負起照顧兒子的主要責任，但他認爲等到保羅大學畢業自力更生了，他們再來改變現況比較明智。蘇菲雅聽過之後，總結了一下賴瑞的立場。

經過半小時的討論，蘇菲雅和賴瑞都覺得雙方各有道理。蘇菲雅說她覺得他們有必要互相聽聽彼此的觀點，她希望透過談話能找出意想不到的解決方案。賴瑞承諾要認眞想想怎麼解決。他們約好兩天後排定一個雙贏方案腦力激盪的時間。

雙贏方案腦力激盪（Win-Win Solution Brainstorming）也是馬歇爾博士提出來的，可以緊接在輪流發言對談後進行，也可以後續再安排時間。

## 雙贏方案腦力激盪

維持和諧的關係，意味著確保每個人的需求都獲得滿足，大家能夠健康快樂地相處在一起。有時優先順位必須調整一番，但沒有人應該受到忽略。如果最後的決議似乎總是偏袒家裡的某一個人，其他人勢必心生怨尤，覺得不是滋味。所以，只要有可能，就以雙贏的解決方案爲目標，試著找出大家都能滿意的做法。

雙贏聽起來可能很像要大家互相妥協，但這兩者是不一樣的。在妥協的情況下，爲了解決問題，每個人都有所犧牲，所以沒有一個人能實現本來的心願。有時妥協是必要的，但雙贏的方案甚至又更好。

無論有什麼感受和想法，雙贏方案腦力激盪應該要在各方都彼此了解之後進行，例如在完成輪流發言溝通之後。如果還沒了解透澈就急著下結論，你們擬訂的解決方案可能遲早都會失敗。雙贏方案腦力激盪有八個關鍵步驟：

1. 如有可能，事先排定雙贏方案腦力激盪的時間，如此一來，大家都能想想自己有什麼主意要提出來分享。在思考可能的解決方案時，需要考慮的問題包括：
    - 在這個情況中，我需要什麼、想要什麼？
    - 另一個人又需要什麼、想要什麼？
    - 我們要如何擬訂一個雙方都滿意的解決方案？
    - 這個方案是有長期的效益，還是只能暫時解決問題？
    - 我們雙方都會滿意這個決定嗎？還是其中一方或雙方會有所怨尤？

2. 同意發揮團隊精神，同心協力解決問題。放下對是非對錯的執著，把重點放在找出雙贏的方案，但也要有在必要時做出妥協的心理準備。

3. 每個人都有權擁有自己的意見和感受，要懂得尊重彼此的權利。爲了不同的觀點爭來爭去是沒有意義的。對我們每個人而言，自己的觀點從自己的角度來看都是成立的。不要試圖改變別人的觀點。在分享想法和表達情緒時，請保持冷靜和耐心。

4. 腦力激盪時不要加以批評，只要激盪出眾多富有創意的想法就好。爲了解決問題，各方分別可以做些什麼？你們有交集的共同立場是什麼？各方分別想從這件事得到什麼？不要刪修或論斷激盪出來的主意。在冒出好主意之前，天馬行空的腦力激盪往往會產生一些不可行的方案，但在這個階段，只要把任何想得到的方案都寫下來，不要斥之爲「愚蠢」、「不切實際」或「瘋了吧」。記錄各方的想法，羅列一份選項清單。

5. 評估各個選項。去掉你們不想嘗試的選項，討論最好的選項有什麼利弊。

6. 做決定。哪個方案是所有人最滿意的？

7. 盡可能具體訂出這個方案的內容。這個方案需要每個人做些什麼？這個方案合理嗎？可行嗎？是你想要的嗎？

8. 後續再回頭檢驗這個方案是否有效。如果沒有，就試試別的方案。

那麼，蘇菲雅和賴瑞怎麼解決他們的問題呢？

經過輪流發言的對談，蘇菲雅和賴瑞完成了第一點、第二點和第三點。以下是他們激盪出來的可能方案，以及他們對每一個方案的評估。

| 方案 | 評估 | 結論 |
|---|---|---|
| 等保羅畢業之後再改變現況。 | 蘇菲雅單方面承擔這個決定的結果。 | 不妥。 |
| 告訴保羅他的選擇有限，必須要選父母負擔得起的大學。 | 他們之所以只生一個小孩，就是為了讓這個孩子受最好的教育。保羅很聰明，上大學對他有好處。 | 不妥。 |
| 賣掉家具行，賴瑞去找工作。 | 他們家經營家具行很多年了，生意多半都很好。 | 可能有幫助，但節外生枝。 |
| 買樂透。 | 很有想像力，但不可能值回票價。 | 不妥。 |

| | | |
|---|---|---|
| 用他們的房子辦理二胎房貸來支付學費。 | 很難貸得到，而且有長期的經濟風險。 | 可能有幫助，但風險很高。 |
| 蘇菲雅到家具行上班，負責做行銷。 | 她的建議會有幫助，但店裡付給她的還不如她自己接案賺的。 | 不妥。 |
| 把家裡的空房租出去。 | 保羅離家上大學就會空出一個房間，蘇菲雅如果去上班，她在家裡的辦公室也會空出來。 | 可能有幫助，但他們要改變生活模式。 |

他們決定讓蘇菲雅應徵客户那邊的一份全職工作，如果錄取，再來討論看看。結果她應徵上的職位薪水比接案收入高一些，而且有成長的機會。只要行有餘力，她就幫賴瑞的家具行出主意做行銷。他們決定等時間接近一點，確定保羅的學費金額和他們的經濟狀況之後，再來考慮房間出租的事宜。在這段期間，他們關閉了蘇菲雅在家裡的辦公室（可從車庫進入），先把這個房間騰出來，爲可能的房客做準備。

### 腦力激盪的五個要點準則

參與雙贏方案腦力激盪時，我們要謹記以下五個準則：

1. 團隊合作。
2. 對每個人的意見都抱持開放態度。
3. 一次針對一個問題。
4. 把重點放在雙贏或全贏。
5. 設下時限（二十到三十分鐘）。

## 圓圈解決法

另一個實用的衝突解決策略叫做圓圈解決法（Solving Circles），由知名心理學家威廉．葛拉瑟醫生（Dr. William Glasser）的選擇理論（choice theory）發展而來。我們來看看這套辦法怎麼解決問題。圓圈解決法透過圖形來呈現是最好理解的。在一張紙上畫兩個部分重疊的圓圈（此爲傳統的文氏圖），把第一個圓圈定爲「甲方」、第二個圓圈定爲「乙方」，畫出來的圖形就像下圖：

兩個圓圈交集的區域，代表甲、乙兩方有待解決的衝突。

人在起衝突時往往會告訴彼此應該怎麼做，背後隱含的意思是對方必須改變。圓圈解決法採取不同的切入角度。兩方分別從自己的圓圈或負責領域進行協商。甲方提出爲了解決問題，自己所必須採取的步驟，乙方則做出相對的回應，描述自己該怎麼做才能解決問題。藉由這種方式，就算是很棘手的衝突也能獲得解決，因爲雙方分別：反省自身問題之所在，以及爲自己的行動負責。參與者明白他們只能改變自己，而不是改變另一個人。

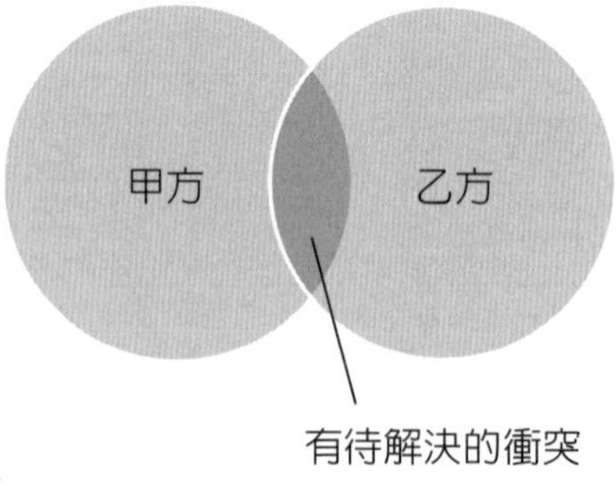


採用圓圈解決法時不要翻舊帳炒冷飯，提起往事只會讓你們陷在過去。而不管你們現在做些什麼，過去都是不能改變的。相反的，討論的重心要放在未來，那才是有得著力之處。

總而言之，圓圈解決法之所以能解決問題，是因爲參與者不會彼此挑毛病，或告訴彼此應該怎麼做。他們在保有自尊的同時負起自己的責任。透過這種方式，問題很快就能獲得解決，雙方的關係也能獲得改善。

## 為衝突解套的方式

問題的解決可能有數種形式。雖然經由共識來解決衝突是最理想的狀態，但妥協和談判也有其用處。

- **共識**。在達成共識的情況下，發生衝突的各方取得共同的理解與一致的意見。達成共識需要反省力、創造力和包容力。一般而言，經由共識達成的解決方案效果強大，所有參與者都認同這個方案。這個方案保有他們的尊嚴，並鞏固他們的關係。
- **妥協**。在妥協的情況下，爭議是透過雙方的讓步來解決。意思是各自都有所犧牲，直到雙方對結果一樣滿意為止。妥協需要寬闊的心胸和體貼的精神。一般而言，妥協像共識一樣能保有參與者的尊嚴。
- **談判**。在談判的情況下，產生衝突的各方聆聽彼此的意見，以了解彼此的看法。他們評估解決問題的選項，指出各個選項的優缺點。為了解決爭端，大家最終討論出一個處理方式，各自力求從談判的結果獲得對個人的好處。

## 直指裂痕，才能加以彌補

在某些衝突中，其中一方可能會覺得另一方的做法有欠公平。第三章的梅根和提姆就是一個絕佳的例子。梅根不僅負責照顧她自己的孩子，也負責照顧提姆的孩子，家務一律由她一手包辦，此外還兼差在家工作。她從不抱怨——她以被動式攻擊的態度應付人生大小事，不抱怨只是其中一部分的行爲。儘管如此，她還是覺得負擔過重、待遇不公。她試圖以被動式攻擊的方式表達不滿——先是身體不適，接著是丟著孩子不管。這些做法都對改善整體情況沒有幫助。

她的憤怒日積月累，先生又拒絕照顧她的需求，在這種情況下，梅根和提姆的婚姻顯然會有裂痕。雖然她的被動式攻擊作風可能讓情況變得很棘手，但她可以直接面對問題，尋求解決的方案。以下是具體的做法。

**1.從事發當下到攤開來談這段期間，給自己一點時間冷靜下來想清楚，並提醒對方問題的存在**。提姆的孩子來度週末，梅根因而累得病倒時，她或許可以跟提姆說：「我之所以身體不舒服，是因爲要多花力氣照顧你的孩子，壓力也比平常更大。我需要時間想一想。我們明天早上聊一下這件事，好嗎？」

**2. 到了你想找對方談的時候，評估一下對方的狀況適不適合、能否認真思考你要談的問題**。你可以說：「我需要跟你談談我們該怎麼做，才能好好照顧喬吉雅的孩子。你覺得現在是聽我說這件事的好時機嗎？」如果對方的答案是否定的，那就請他另外定一個時間。

**3. 懷著保有這段關係的意圖來處理問題**。想想看用什麼方式指出問題有益於你們的關係。舉例而言，梅根可以說：「我們各自帶來的孩子是這個婚姻的一部分。我希望我們和彼此的孩子都能相處愉快，大家都覺得是這個家裡的一份子。爲了達到這個目的，我需要解釋一下照顧他們對我的影響，以及你的協助對我來講有多重要。」

**4. 不要懲罰對方**。避免中傷和辱罵。不要語出責備。梅根如果對提姆說：「你的孩子在這裡的時候，你總是不見人影。雖然我不能怪你，但他們眞是小王八蛋。」這對事情是沒有幫助的。此外也要注意，由於心裡懷著憤怒的情緒，你所散發出來的能量可能給人凶惡、粗暴的印象。如果你專注在當下，謹記自己對對方的愛，就能避免落入這種陷阱。

**5. 專注在主題上**。說明你對這件事的感受，記得要用第一人稱敘述法。例如：「我背負太多責任了。家務、工作，再加上我自己的三個孩子，我已經到達極限了。你的孩子來度週末時，我實在沒有力氣獨自照顧他們。我需要一點協助。」

**6. 穿插肯定的話語**。談話間也提出對方做得好的地方，例如梅根可以說：「我知道你工作得多辛苦。爲了養我們一家子，你一個人身兼兩份工作。」或者，你也可以提出另一個看事情的角度，例如：「我從沒提過，所以我不意外你沒注意到我的問題，你自己也有很多事情要煩心。」

**7. 注意對方的反應**。對方的肢體語言可能會透露一些訊息給你。如果對方有生氣或自我防衛的跡象，不妨調整一下你的策略。

**8. 告訴對方你想看到的改變**。勾勒出你想看到的理想狀況，讓對方知道這對你來說爲什麼很重要。舉例而言，梅根可以說：「你的孩子來我們這裡的時候，如果有你在身邊，我會覺得很感激。我們一家七口齊聚一堂對孩子也好。我知道你努力要當一個好爸爸。他們需要一點你的關注。」請對方闡述一下你說的話，確定對方明白你的要求。同時不要忘了，對方必須有改變的意願和決心才行。然而，爲了保護自己，你可以根據自己的底線，設下你能接受的極限，看看對方願不願意尊重。

**9. 後續給予對方回饋**。**一看到改善就予以肯定**。不要只說一些空泛的讚美，而要具體指出你看到的改變。舉例而言，梅根最後或許可以說：「謝謝你星期六待在家。我知道孩子們都很高興能去海邊玩——包括你的孩子和我的孩子在內。而且，我眞的很喜歡一家七口圍著一張桌子吃晚餐。」如果沒看到改善，就請對方再考慮一下你的要求。

**10.持續觀察這種互動模式**。謝謝對方滿足你的要求。如果一開始的方案沒有解決問題，想想看你還有什麼其他辦法可用。

以梅根和提姆而言，他們的問題已經到了危急的地步，可能需要婚姻諮商或其他專業的協助。然而，並非所有不公平的狀況都這麼複雜難解，攤開來談好過放著心裡的憤怒不管。

## 道歉的藝術

當別人的言行舉止讓我們痛苦或失望時，爲什麼我們會覺得需要對方的道歉？一旦受到冒犯，我們就希望冒犯者能夠明白他／她惹我們不高興了。如果對方確實打算道歉，那麼我們就希望能感受到對方的誠意——希望對方是眞的很抱歉傷了我們的心。找藉口和假意認錯都可能讓情況更惡化，因爲我們會覺得自己的感受遭到否認。

一旦得知自己冒犯到別人，冒犯者就需要道歉。道歉雖然是從口頭開始，卻不能只是光說不練。受冒犯者眞正想看到的是不同的行爲表現。口頭道歉是對改變做出承諾，但言行一致才是改變的證據。

這對慣於被動式攻擊的人來講尤其困難。他們願意道歉，甚至是迫切想要道歉，但後續卻又可能言行不一致。人與人之間，你如果在乎自己的選擇和舉動對別人的影響，你們雙方才有所謂的人際關係可言。想維持一段關係，就要盡你所能從錯誤中學習，確保自己不會重蹈覆轍，如此一來，你的人際關係和你的自尊都會開花結果。

道歉的方式有對有錯。那麼，當別人對你有所不滿時，你要怎麼道歉才對？下列步驟詳細說明了對你有幫助的具體做法。

1. **真心為自己惹別人不高興感到抱歉**。要知道，雖然一樣的行爲不會傷你的心，卻會傷到這個人的心。以梅根和提姆爲例，他可能沒察覺到自己惹她不高興了，畢竟她從來沒有怨言。

2. **承認自己造成的傷害，負起彌補的責任**。確切描述具體狀況，表明你明白這個狀況是哪裡令人困擾。覆述對方所說的話，並指出你從中注意到的地方，藉此肯定對方的感受。舉例而言，提姆可以說：「聽得出來我丟了太多照顧家庭的責任給你，尤其是我孩子的部分。照顧我的小孩害你身體吃不消，我覺得很抱歉。讓你感覺孤立無援，我甚至覺得更抱歉。」他也可以再補充一句：「眞的很對不起，我不該這麼做的，要怎麼彌補才好呢？」

**3.保證絕不再犯**。讓對方知道你已經學到教訓了，而且你會改變你的行爲。具體說明你的心得感想和你會採取的不同做法。提姆要想想怎麼減輕梅根照顧孩子的負擔，同時又確保家裡的經濟來源。辦法可能包括當他的孩子來度週末時，他要待在家裡或爲梅根提供額外的家務協助。運用本章談到的技巧，這對夫妻需要好好討論如何改善他們的處境。如果你被捲進了被動式攻擊的循環，你可能需要採取一些步驟，確保不公平的情況不會重複發生。這些步驟可能包括每天自我反省一下，確定你實現了絕不再犯的承諾，或者請對方一發覺歷史又要重演了就立刻提出來。

**4.對人生中能有對方的存在表達感激**。告訴家人，這份關係對你有多重要。以提姆和梅根來講，把感激掛在嘴邊尤其重要。提姆或許可以說：「我很榮幸有你當我的太太。對你的孩子和我的孩子來說，你都是一個很棒的媽媽。我不知道沒有你要怎麼辦。」

**5.請求原諒**。在前面的步驟當中，你已經傳達了這份關係對你的重要性。透過請求對方原諒的舉動，你再次強調了之前傳達過的訊息。這麼做也是在讓受冒犯者決定結果——要不要原諒你操之在對方，而這可能讓你覺得備受挑戰。要知道受冒犯者可能需要一點時間考慮，尤其如果你犯的是很嚴重的過失。

**6. 言行一致，切實改善**。爲了重新獲得對方的信任，務必信守承諾，爲自己的行爲收拾善後。問問自己：「我有什麼計畫？要怎麼確保不會重蹈覆轍？」光有善意不足以改變習以爲常的行爲，你必須下定決心並時時注意。白紙黑字寫下來，或許是寫在日記裡，或許是寫在行事曆上，提醒自己給了什麼承諾。自我提醒的筆記能幫助你「保持清醒」，隨時注意自己的一舉一動，如此一來，你就不會在不知不覺間又重蹈覆轍了。

## 不以固有的反應模式處理衝突

談衝突解決不能不重申現在深受過去的影響，否則就談得不完整。眼前令我們不愉快的處境，其實常常源自過去沒有解決的問題。童年所受的傷害是最初的心理包袱，我們的情緒困擾有八成都圍繞著童年創傷展開。在設法解決你和伴侶、雇主、朋友或同事之間的衝突時，不妨省視一下自己，看看眼前的問題是不是你以前有過的遭遇。接下來的練習，有助你釐清過去的傷害在當前的衝突中扮演的角色。

練習18

## 面對衝突時，對當下的情緒保持覺察

**1.** 回想最近一次你和人起衝突的狀況。

**2.** 回顧類似的事件，看看有沒有一定的模式可循。問自己下列問題：在這些事件當中，你作何反應？你心裡有什麼感覺？對方作何反應？對方心裡看起來有什麼感覺？

**3.** 從你的過去找出符合這個模式的經驗，或者想想有什麼經驗和眼前的問題有關。你以前有這種感覺是什麼時候？想想你為先前發生的事件賦予什麼意義。你認為這些事件如今對你造成什麼影響？回憶這些往事時，你有什麼念頭和感受？

**4.** 對過去的問題有所自覺之後，時時保持對當下的覺知，注意接下來涉及相同問題的情況。當你發覺自己的情緒受到牽動，停下來檢視一下自己的反應，辨認並體會內心的感受，同時保持注意力，設法做出更好的選擇，和對方建立良好的互動。

具有被動式攻擊傾向的人幾乎都有情緒上的舊傷，然而，背負著舊傷不代表你就要困在舊有的反應中。透過自我覺察及對當下的覺知，你就能開始以全新的眼光看待過去。運用本章談及的技巧，你就能開始腦力激盪出更好的解決方案。隨著你敞開心扉，以坦誠的態度面對現在，你也會更強烈地體會到活在當下的感受。

## 面對被動式攻擊者，衝突或許是改變關係的良機

運用本章的衝突解決技巧，你和被動式攻擊者之間的關係就能有顯著的改變。首先，當你是受到被動式攻擊的那一方，對方的行爲常會讓你摸不著頭腦，本章提供的辦法有助你撥雲見日。舉例而言，被動式攻擊症候群的一個症狀就是將憤怒投射到別人身上，因此，被動式攻擊者會覺得你在生他/她的氣，但實際上卻是他/她在生你的氣。被動式攻擊者也可能有意無意激怒你，一旦你發脾氣了，他/她就用你的表現來合理化自己的受害情結，結果是你不只覺得憤怒，同時還覺得內疚。

在你們的關係中可能暗藏了一些衝突，導致對方向你表現出種種奇怪的反應。第六章有各種客觀、有效的策略，可以讓你用來找出癥結所在。這些策略設計得盡可能不對被動式攻擊者構成威脅，目的在於確保他們可以放心表達眞實的感受，並以冷靜、理性的態度和你討論這些

感受。

假以時日，他們就能體認到憤怒和爭執不是危及人際關係的威脅；相反的，恰當表達並好好處理憤怒和衝突能爲他們打開一扇門，通往他們尋求的親密感和安全感。

你必須帶頭做好這件事。一方面，在看似平靜的關係背後掀起了暗潮洶湧的衝突時，你要主動採取解決衝突的策略。另方面，你要堅持在本章所述的架構和規則底下，討論你們雙方有所衝突之處。

# 7

# 擬定具體改變計劃

在他們的朋友湯瑪斯和辛蒂眼中，艾倫和芭芭拉就像一對典型的老夫老妻，結婚二十五載，白頭偕老指日可待——直到艾倫開始向湯瑪斯抱怨芭芭拉亂花錢、體重增加，又對旅行興趣缺缺。

湯瑪斯把艾倫的抱怨說給太太辛蒂聽，辛蒂問道：「艾倫爲什麼不跟他太太講？你又不能怎麼樣。芭芭拉才能改變情況啊。」

湯瑪斯搖搖頭。「他說她不聽。每次他稍微提一下，即使是最不尖銳的部分，她也會氣得指控說他想離開她，去跟別的女人在一起。」

辛蒂說：「艾倫是個爲人光明磊落的好人，看起來不像會搞外遇。」

但到最後，艾倫眞的外遇了。這段婚姻告吹，他們共同的朋友偏向芭芭拉那一邊，怪罪艾倫不應該。然而，眞相比表面上看來複雜得多。剛結婚沒多久，芭芭拉就會用購物來表達她對這段關係的憤怒與恐懼。她會把信用卡刷爆，買一些他們負擔不起的東西。每當她拒絕討論他們的預算問題，艾倫就會用冷嘲熱諷的方式指責她，例如對她說：「能不能請你用你的金卡買一些貓糧呢？因爲在我付清你的帳單之後，我們就只買得起貓糧了。」

芭芭拉不認爲自己的舉動是被動式攻擊的行爲，艾倫則不明白自己中了她的計。他給了她新的理由覺得受傷，於是他們落入了破壞感情的惡性循環。隨著年紀增長，芭芭拉越來越缺乏安全感。她發覺自己的體重增加了。她拒絕他的旅行提議，認定他只是想找藉口拈花惹草。

到頭來，艾倫和公司裡的女同事有了外遇。儘管性愛很快就成爲這段關係中相當美妙的一部分，但一開始吸引他的卻不是這個，而是有人能陪他聊他的生活和心情。從他和這個新對象的交流中，艾倫明白到這麼多年來自己的婚姻少了什麼：誠實、坦率的溝通。

然而，即使到了這個時候，他還是沒有告訴芭芭拉他的感受，而是一直等到她在餐廳裡撞見他和他的外遇對象。芭芭拉壓抑已久的憤怒瞬間爆發。她指控他意圖把她逼瘋，這樣他就可以送她去療養院。艾倫搬出他倆的家，接著就匆匆和她離婚。他們從沒談過多年來是什麼一點一滴瓦解了這段婚姻的基礎。

由於沒能克服一來一往、互相傷害的情緒反應，艾倫和芭芭拉失去了一段維持已久的婚姻。問題始於芭芭拉和她的因應方式。她按照兒時養成的被動式攻擊模式因應各種情況。一方面不敢表達憤怒，一方面害怕意見不合可能導致的衝突，使得芭芭拉經由情緒虐待的方式透露她的負面感受，不只是對艾倫，對他們的孩子也是。然而，她卻看不見離婚這件事她有什麼責任。事實上，她以爲自己做盡一切來「維持婚姻和諧」，結果只換來一直在她預料之中的背叛。

在走向分手的過程中，艾倫也有他的責任。他隨著太太建立的被動式攻擊模式起舞。他試過要好好和她談，但當她在警覺之下以拒談作爲回應，他爲了避免衝突就退縮了，殊不知衝突是挽救這段婚姻唯一的辦法和不可或缺的步驟。

被動式攻擊的那一方，是把被動式攻擊的問題帶進一段關係中的始作俑者。在這一章，我們會從他們的角度看看被動式攻擊所造成的挑戰。接下來在第八章，我們則會從周遭旁人的角度探討這些挑戰，包括他們的情人、配偶、朋友、子女、父母、雇主和同事在內。

## 本能反應對人際關係的破壞

對每一個牽涉其中的人，被動式攻擊行爲都會破壞他們的感情生活。然而，對於在人際關係中有意或無意建立起這種模式的人，它的傷害可能才是最大的。情緒壓抑和溝通障礙是被動式攻擊人格模式的一部分，而這兩種特質與獲得情感交流是相互牴觸的。雖然艾倫和芭芭拉的婚姻對他倆來講都很困難，但艾倫後來投向一段更有前景的關係，芭芭拉則退縮起來，比以往更確信自己的受害處境，即使她才是這個悲傷結局的始作俑者。

事實上，被動式攻擊是待人處事的一種因應之道，我們在第三章和第四章碰觸過這個主題。當別人的言行舉止讓我們感覺受到威脅，人類本能的戰或逃機制就會啓動，使人體分泌旺盛的壓力荷爾蒙。這種反應的其中一個後果，就是人腦理智的部分（亦即新皮質）停擺，我們無法針對事發狀況做出理性或深思熟慮的反應，而是變得只會戰或逃——要麼反擊，要麼否認、迴避或逃跑。

當這種本能反應機制啓動時，身體會產生一些知覺感受：

- 心跳加速，脈搏狂飆。
- 對方還在說話，你也說個不停。
- 你的目的不在溝通，而在贏過對方。
- 一些瑣碎小事也變成鬥個你死我活的原因。

一激動起來，你不但沒在注意對方，甚至也沒在注意自己。你意識不到自己的遣詞用字、說話語氣或肢體語言。你看不見自己的表現對別人有什麼影響。你切換到「自動駕駛」模式，儘管你可能感覺到自己怒氣沖天，但你卻無力阻止。你只想打斷對方，把問題的矛頭指向他／她。如果雙方都習慣依據本能做出反應，我們不難看出這段關係為什麼會變成一級戰區，而且注定失敗收場。

被動式攻擊行爲以各種不同的方式摧毀人際關係。被動式攻擊者看不見他們對自己的人際關係做了什麼，所以，讓我們更仔細地看一看這種行爲的結果。

## 溝通和親密的終點

艾倫和芭芭拉就是這種結果活生生的例子。被動式攻擊行爲以否認、迴避和怪罪他人爲特徵，就像是故意要讓遭遇這種行爲的人失去理性、火山爆發似的。如果被問及他們的感受或動機，被動式攻擊者會覺得自己受到攻擊，所以他們總是處於警戒狀態。周遭旁人試圖和他們冷靜溝通，換來的卻是翻白眼。受到這種挫折，周遭旁人難免神經斷線，無法保持冷靜，轉而以冷嘲熱諷或暴怒作爲反擊。在一段關係中，如果其中一方有被動式攻擊的毛病，一旦提起這種行爲造成的問題，冷靜的談話可能就會變成比大聲的競賽。一段時間過後，雙方可能都會開始覺得對方就是不聽，而且不想解決問題。

一旦來到這個地步，溝通就不復存在。當然，對被動式攻擊者而言，這只是加強了他們對於有必要自我防衛的信念，溝通的僵局就這樣一直打轉下去。

## 令人惶惶不安的環境

當雙方或其中一方的溝通風格全憑本能反應時，他們就可能變成一觸即發的不定時炸彈。重點不在於他們是否眞的發作，而在於雙方或其中一方覺得和對方相處起來如履薄冰，隨時都有受到口頭攻擊的危險。處於這種暴虐的環境，雙方都活在提心吊膽之中，不曉得自己接下來說的話或做的事會不會點燃戰火。

安琪拉是一份成功的保健食品雜誌發行人。她認爲自己是一個追求完美的老闆，但她的編輯和設計團隊覺得她吹毛求疵，慣以被動式攻擊的方式虐待下屬。安琪拉給撰稿者和設計師的指示很模糊，她從不說清楚自己要的是什麼。後續結果要是不符合她的標準（她的標準一日數變），她就把成品撕掉，要負責的人重做、重做、再重做。她用恐懼控制辦公室，讓每個人都很擔心要加班。

撰稿者或設計師如果反對重做已經很完美的成品，或是請她提出更具體的指示，安琪拉就會大發雷霆。無論對方多麼委婉圓滑，安琪拉都深怕自己的權威受到挑戰。她以威脅、咆哮、辱罵壓制下屬。新進員工很快就發現這是一個有害的辦公環境，許多人（尤其是最優秀的人才）都趕緊溜之大吉，剩下的人就低聲下氣，並且專挑最不會激怒安琪拉的工作來做。沒人冒險發揮創意，因爲沒人想把一週四十小時的上班時間，變成八十小時不斷被她退件的挫敗時間。結果雜誌內容乏善可陳，離職率居高不下。

員工至少還能選擇換工作，想像一下這種行事作風對孩子會造成什麼傷害。

## 人際進展的障礙

少了溝通，衝突就永遠不會解決，情況也永遠無法改善。當一個人受到戰或逃反應的制約，誠實的評語對此人來講也會變成對人格的攻擊。在一個高度敏感、被動式攻擊的人聽來，就連「你姊姊升職了，她眞的很高興」這種單純的事實陳述，都能激起像是「對啦，我就是不如她，我是家裡的害群之馬」之類的反應。在這樣的互動之下，人際關係變得坑坑疤疤，布滿無從療癒的傷口。

退休樵夫法蘭克性格粗獷，是男人中的男人。一直以來，他都無法眞心接受他的獨子凱爾是同性戀。法蘭克從不直說，但他採取一些被動式攻擊的舉動來「報復」凱爾，因爲凱爾不符合他心目中堂堂男子漢的形象。他的報復手段包括取消家庭聚餐、毒舌挖苦凱爾的男友，以及「忘記」在他太太買的生日賀卡上簽名等等。幾年下來，這些搞破壞的小動作使得凱爾再也不和他父親說話。

凱爾的姊姊漢娜花了一年扮演和事佬，她不只一次勸凱爾和法蘭克見面，約在外面餐廳之類的地方，讓雙方「把心結解開」。但法蘭克從沒赴約，一方面他自認什麼也沒做錯，一方面他覺得有這個兒子很可恥。有幾次，漢娜設法謹愼、體貼地和他談，結果只演變成法蘭克大吼大叫，她被吼得躲回車上掉眼淚。由於不能（或不願）正視自己的恐同症，法蘭克面臨永遠失去兒子的風險，可能還要連帶賭上他女兒。

如同我們在第六章看到的，衝突是修復傷口及促進交流、增進感情的辦法。一旦對衝突充滿畏懼，這段關係的希望就變得越來越渺茫了。

## 以受害者之姿逃避責任

當你只是憑著衝動做反應，就等於是把力量交到對方手中，讓對方的話語決定了你的情緒和行爲。你直接跳到情緒化的結論上，沒有消化一下對方所說的話、確定你明白他／她的意思。你不讓對方的心意透過對話傳達給你，而是表現得就像你需要捍衛自己一樣。這種軟弱無力的姿態往往是被動式攻擊模式的一部分，其所導致的結果又坐實了你的受害感。這世界對你虎視眈眈，最好的辦法就是閃躲。

當你把力量交出去，還有一個更難以察覺的不良後果，就是你也說服自己相信你沒有責任。不管你遇到什麼事，不管你對這件事做出什麼回應，不管你說了什麼或做了什麼，都不是你的責任。你站在無辜受害者的位置上，把所有過錯怪在別人頭上——錯就錯在芭芭拉的老公背叛她，安琪拉的員工既無能又不尊敬她，法蘭克的同性戀兒子令他蒙羞。

事實絕非如此。被動式攻擊者對自己和別人都有很大的力量，而唯有當他們爲自己的言行舉止負起責任，他們才能開始改善自己的人生和人際關係。

## 想改變，先從覺察自己的行爲開始

容我澄清一點：我要請你爲自己的有害「舉動」負責。我的意思不是在說「你」是災害。

事實上，不只和你互動的人蒙受這些舉動之害，你自己可能也深受其害。儘管如此，除非你爲自己的行爲負起責任，否則一切都不會改變。除非你簽名背書，否則沒人有辦法幫你解決被動式攻擊的問題——沒有一個善解人意的伴侶、專業的諮商師或新的工作能替你做到。

你値得幸福。你有資格得到誠實、穩固的關係帶給人的喜悅與支持。爲了達成這些結果，你要明白你就是自己最大的障礙。改變向來都是挑戰。要改變從童年以來根深柢固的行爲一定會很辛苦。但話說回來，這是最有意義也最値回票價的事情。改變能助你突破既有的人際僵局，並在現在與未來創造更健康的關係。

首先，對於需要加以改變的地方，你必須「承認自己有責任」。你要誠實面對自己、嚴格檢視自己的行爲，一旦辨識出癥結所在，你就要下定決心毫不動搖、持之以恆地達到改變的目標。你只能改變自己，但光是改變自己就夠了。爲了改善情況，你要做的就只是改變自己而已，但那是帶來好結果的不二法門。

我再說一次：首先，對於發生在你身上的遭遇，以及你對這些事情的感覺，你必須「承認自己有責任」。對深陷被動式攻擊循環的人來講，這是極其困難的一件事。你對每一件事都有一套藉口或說詞。別人的無心之舉在你眼裡都是攻擊。甚至在還沒遭到批評之前，你就已經準備捍衛自己了。你從狹隘、自私的角度看自己，以至於無法誠實、客觀地面對自己的言行舉止。

如果你約會遲到了，想想你是否該早點出門，而不是怪公車不準時或路上塞車。如果你的作業拿到低分，不要怪老師，想想你按照指示去做了嗎？你有沒有給這份作業充裕的時間？你仔細檢查過作業內容了嗎？如果別人好像在生你的氣，想想對方有沒有理由生氣，誠心誠意地問那個人你哪裡做錯了，或者反省一下自己的行爲，看看可能是哪裡惹人不高興。

你也要爲自己的感受負起責任。在第二章和第三章，我們學過要如何準確辨認自己的感受。假設你想看電影，但你的朋友比較想去聽演奏會，這單純只是你們對某個夜晚有不同的安排，不代表你的朋友讓你失望了，或你的朋友對你的品味有意見。這是稀鬆平常的意見分歧，用第六章中的技巧就能解決。如果你覺得心裡不舒服，那是你的問題，而不是你朋友的問題。

別忘了，在推卸責任的同時，你也交出了自己的力量，所以在負起責任的同時，你也拿回了掌握人生的力量。你可以成爲自己想成爲的那種人，你知道自己是誰，你有力量爲自己的需求提出要求。這種改變必須由內而外。舊有的思維模式不但造成傷害，而且不符合事實。本書針對重新親近自己的感受、拋棄舊有的思維模式談了很多，第三章談到的正念，對於你必須做到的改變而言，這種活在當下的技巧是最重要的工具了。

因爲你沒辦法改變自己沒有察覺到的事，而唯有透過專注於當下，你才能察覺到自己做了什麼，你才會注意到自己的內外在世界發生了什麼事。如同第三章所言，專注於當下是你的責任，你對自己的生活有多深或多淺的覺知，完全操之在你。正念既是一種技巧，也是一種練習；它是衝動行爲的相反。

## 暫停一下，別急著做出回應

正念讓我們把心錨定於當下，敏銳地察覺到自己說了什麼、有什麼感受，以及我們的言行舉止對他人有什麼影響。這層自覺讓我們放慢反應，有意識地控制純屬反射動作的表現。

正念幫助被動式攻擊者意識到自己的行爲和用來迴避責任的防衛機制。從第三章的練習當中，你能學到控制反應的簡單技巧，進而有自覺地選擇更健康、更有建設性的回應方式。

在被動式攻擊的行爲底下，你看到的是「別人對你做了什麼」。透過正念，你轉而向內探索，明白到「你對自己做了什麼」。你穿越紛亂的思緒，了解到自己的感受具有什麼意義。我會建議我的個案靜坐呼吸，專注於當下，不帶批判的眼光，隨著呼吸看看你的感受告訴你什麼訊息。

透過訓練自己覺察自身的情緒和生理反應，你就擁有了停下來好好想一想的力量。在受到刺激和做出反應之間，你創造出一個緩衝的空間。你放慢反應，三思而後行。你花時間體會你的胃越揪越緊的感受，問自己：「這種感受告訴我什麼訊息？」你對他人做出有意識、有建設性的回應，而不是採取被動式攻擊典型的防衛反應及迂迴手段。

正念可以改變一段遭被動式攻擊搞得四分五裂的關係：

- 正念幫助雙方克服逃避、指責和防衛等負面看待情緒的習慣。這些習慣只會讓被動式攻擊的循環永無止境繼續下去。
- 正念讓你不帶批判眼光地感受自己的憤怒，並透過理性的方式表達你的憤怒，從而釋放憤怒的情緒。
- 正念幫助你有意識地選擇遣詞用字和一舉一動，在溝通過程中減輕可能的衝突、平息雙方的怒火，並突顯你的目的——如同第六章所述，你的目的是解決衝突，而不是破壞關係。
- 正念幫你找回自信、幽默、謙虛、將心比心、同理和尊重等等強而有力的工具。
- 正念幫助你如實傾聽別人的話語，並據以做出回應，而不是只聽到你自己的解讀或詮釋。
- 在你和被動式攻擊者的往來互動中，正念幫助你一發現被動式攻擊的跡象就和對方溝通，它也幫助你在情況失控前就解除狀況。

小孩子鬧脾氣時，我們會叫他們去罰站。這種做法給他們機會冷靜下來、重新控制自己。正念就是成年版的罰站。它給我們機會暫停一下，看看胃部一揪或喉嚨哽住的感覺代表什麼意思，如此一來，我們才能採取積極正面的做法。

## 練習19

## 你的正念有多強？

關於憑著衝動做反應的傾向，以下有八個敘述句，依據符合你個人狀況的程度，從1到5選出一個數字。

**1.** 在談話當中或意見不合時，我把注意力放在自己做了什麼，而不是放在對方做了什麼。

| 不符合 | 1 | 2 | 3 | 4 | 5 | 符合 |
|---|---|---|---|---|---|---|

**2.** 雙方意見不合時，我會洗耳恭聽，不會滿腦子想著當對方告一段落時我要說些什麼。

| 不符合 | 1 | 2 | 3 | 4 | 5 | 符合 |
|---|---|---|---|---|---|---|

**3.** 我善於讓思緒慢下來，客觀地觀察自己的想法、感受和言行舉止。

| 不符合 | 1 | 2 | 3 | 4 | 5 | 符合 |
|---|---|---|---|---|---|---|

**4.** 面對衝突時，我能以冷靜、接納的態度，看待我自己和對方的想法及說法。

| 不符合 | 1 | 2 | 3 | 4 | 5 | 符合 |
|---|---|---|---|---|---|---|

**5.** 我能跳脫小我，如實看待對方的言行舉止，而不認為對方是在「針對我」。

| 不符合 | 1 | 2 | 3 | 4 | 5 | 符合 |
|---|---|---|---|---|---|---|

**6.** 在意見不合或起衝突時，無論我觀察到什麼，我都能專注於當下，不帶著過去或未來的包袱。

| 不符合 | 1 | 2 | 3 | 4 | 5 | 符合 |
|---|---|---|---|---|---|---|

**7.** 在談話當中或意見不合時，我能持續注意自己的想法、情緒和知覺感受有什麼轉變。

| 不符合 | 1 | 2 | 3 | 4 | 5 | 符合 |
|---|---|---|---|---|---|---|

**8.** 在談話當中或意見不合時，我始終都能有意識地選擇我要做出什麼反應。

| 不符合 | 1 | 2 | 3 | 4 | 5 | 符合 |
|---|---|---|---|---|---|---|

關於經由正念的沉澱或只憑衝動做反應的傾向，看看你還有什麼其他的想法，現在花一點時間寫下來。

把你的得分加總，如果總分介於32至40之間，你平常在人際互動中很可能發揮了強大的正念。相形之下，如果總分介於8至16之間，你的衝動行爲可能正在危害你的人際關係。如果總分介於17至32之間，那你可能就像許多人一樣，有時正念有時衝動，綜合了這兩種傾向。

## 指出被動式攻擊行為的問題所在

指出問題是解決問題的一半。你沒辦法改變你看不見或不承認的問題。以下是被動式攻擊行爲典型的一些問題，秉持正念和樂於負起責任的態度，看看這些行爲是否構成你的人際問題。這些行爲分成三大類：不動聲色的反應、背道而馳的行動和溝通孤立。

### 不動聲色的反應

受到挑戰就心生防衛是被動式攻擊行爲的一大特徵，即使這些挑戰是想像出來的。有時「直接否認」也是防衛的手段之一。舉例而言，假設鄰居請你在她出遠門時幫忙顧貓，她從你的肢體語言看出你不是很想幫忙。

鄰居：你好像有疑慮。我的要求太過分了嗎？你是不是有別的事要忙？你怕貓嗎？

你：我不怕貓。我想我一定騰得出幾分鐘照顧牠們的。

鄰居：我不想勉強你喔！

你：不會啦，不勉強，沒問題。

另一個被動式攻擊的特徵，是爲自己的行爲準備好一套藉口或理由。假設鄰居回家之後發現滿地貓糧，下次看到你時，她問你發生了什麼事，你或許會說：「牠們好像很不高興我跑進你家，所以我只是把貓糧倒出來。弄好貓糧，我就不敢再去打擾牠們了。」或者：「你知道嗎？我第一次踏進你家就猛打噴嚏。我應該留了足夠的食物給牠們吧。」無論如何，你都顯得仁至義盡了——不管是貓咪不歡迎你，還是你對貓咪過敏，而你的鄰居能有什麼怨言呢？

「生悶氣」和「自憐」是被動式攻擊人格模式的另外兩個特徵。生悶氣的人會讓每個人都感覺到他/她不高興，但你如果問他/她，他/她又會否認自己在生氣。自憐是更爲內在的一種心理，在這種心理的作用之下，受害情結就成了理所當然的結果。落入受害情結的人覺得每個人都在占他/她的便宜，甚或覺得自己受到命運的捉弄。之所以如此，其實是因爲他們沒有表明自己的需求和界線。

## 背道而馳的行動

另一類的被動式攻擊行爲，特徵則在於表現出來的行動和原來的目的背道而馳。接受到老師或其他威權人物的指示，孩子可能會心不甘情不願地服從或暫時配合，以負面的態度照做，或是做到老師轉過身就不做了。「虎頭蛇尾」是這種行爲的變化版：我同意做某件事，但我只做一半，沒有完成。再不然就是「拖拖拉拉」：我拖到為時已晚或有別人去做為止。「故意搞砸」則是雖然做了，但做得奇差無比，這樣以後就不會有人再叫你做了。有時候，被動式攻擊者「對競爭的畏懼」會以這種愛做不做的方式表現出來，顯得自己能力不足，只能勉強勝任。儘管安琪拉的要求太高，但她也表現出這種特質了。

「從中作梗」則又更進一步。不同於拖拖拉拉，從中作梗的行為故意害事情無法完成。你的朋友想看一齣你不想看的戲，所以到了出發的時間，你還沒準備好，而且你忘了重要的東西，必須中途折返。「習慣性的遲到和健忘」是這種模式的一部分。被動式攻擊行為也可能包括「有意無意的報復」。

## 溝通孤立

歸納在這一大類的溝通障礙，有些是我們很熟悉的問題，例如「缺乏同理心」或「無法專注於當下」，以及「根本不聽」。這些表現都和人際間開誠布公的交流相悖，它們顯示出被動式攻擊者對親密的恐懼——由於害怕被拒絕，所以不願表露自己的內心。這種態度也表現在被動式攻擊的談話風格中，例如「模稜兩可」，不說清楚自己的計畫或想法、怕自己做錯就一直舉棋不定、嘟嘟囔囔地不知道在說什麼、說法令人費解、轉移對方想談的主題或焦點等等。面臨衝突時，被動式攻擊者往往徹底迴避話題。

被動式攻擊行爲更大的一個問題是「負面」。「對，可是……」是被動式攻擊的經典句型。這些人看不到甜甜圈，只看到中間那個洞。而且，天啊，那個洞可是危機四伏！被動式攻擊者總覺得別人很可疑。在他們眼裡，這世界是一個充滿敵意的地方。基本上，他們人生中的一切都被這種負面的態度籠罩。你或許想告訴我你有很多不快樂的理由，但容我提醒你，據說前美國總統林肯有句名言：「就多數人而言，只要下定決心，想多快樂就有多快樂。」誠然，每個人都有困難的時候，但快樂與其說是一種客觀事實，不如說是一種個人心態。

## 恐懼使人陷入進退兩難的困境

如果你已經體認到自己有被動式攻擊的傾向，而且你願意卸下心防，誠實地承認自己有責任，以開放的心胸迎向這一章。那麼，讀到這裡，你可能又會覺得很困惑。你終於看見自己的行爲在別人眼中是什麼樣子，無怪乎你有了和他們一樣的問題：你爲什麼要做這些事？

現在，是時候回顧你在第一、二、三章所學到的各種練習法，親近你的憤怒，釐清它所傳達的訊息，並檢視你的慣性思維，發揮正念的技巧，整頓你的內在世界。

被動式攻擊有一些典型的恐懼心理，你的行爲有可能是畏懼之下的結果：

- 畏懼競爭
- 畏懼依賴
- 畏懼離棄
- 畏懼親密
- 畏懼脆弱

值得注意的是，這些恐懼其實互相矛盾。你既害怕身邊的人離你而去，又害怕暴露出自己脆弱的一面，然而，暴露自己的脆弱才能拉近兩人的距離，建立更親密的關係。你害怕自己對別人產生依賴，但面臨競爭又會退縮起來。你似乎總是落入進退兩難的處境當中。

練習20

## 透過書寫，直探你的想法和感受

以下是從不同角度看待自己的一個辦法。

1. 假裝你在寫小說。創造一個代表你的角色和一個代表旁人的角色，描述、刻畫這兩個角色。他們不必和真人一模一樣，但應該要有一樣的基本特質。

2. 現在，寫一段情節，刻畫上一次你和旁人相處困難的情況。

3. 鉅細靡遺地描述引起雙方不愉快的事發經過。別忘了你的讀者不在現場，所以現場的一切都要涵蓋進去。

4. 小說不只告訴你故事中人說了什麼、做了什麼，也告訴你他們的想法和感受。把這些元素加到你的故事當中。

5. 如果你不清楚自己的感受，回顧一下第三章的內容。透過靜坐回想當下情境，你可以重新體會身體的知覺感受，看看是什麼思緒、情緒、回憶或畫面引起這些知覺感受。

6. 你寫的是小說，所以你可以發揮想像力。為了重現旁人的想法和感受，你需要設身處地將心比心。把自己擺在旁人的角色，想像對方會有什麼念頭和反應。

7. 動機是小說裡很重要的一部分。看看你所設定的角色和情境，接下來應該發生什麼事？為什麼？

**8.** 一遍又一遍重問一樣的問題，一步接一步經歷整起事件，讓故事循序漸進發展到結局。

**9.** 由於是虛構的，故事結局可以和真實情況不同。如果你寫出了不同於事實的結局，看看你改變了什麼。

**10.** 你也可以批評你寫下的故事。你的角色表現出被動式攻擊的典型行為了嗎？為什麼？還有什麼可能的反應？把劇情重新改寫，看看改掉被動式攻擊的反應之後有什麼結果。

了解自己爲什麼會有被動式攻擊的行爲，並不會爲你提供繼續這麼做的藉口或理由；相反的，這層自我認識爲你打開大門，迎來改變的可能。

## 改變自己，成爲你想要的那個人

對於人生中的種種遭遇，你既然已經承認自己有責任，也認清了自己的被動式攻擊行爲，並探究過自己爲什麼選擇這種因應方式，改變的時刻就來臨了。請注意，承認自己有責任是第一步，儘管在這裡也適用。但在一開始若是不能坦然爲自己負起責任，接下來的其他步驟也不會有結果。你還是把矛頭指向別人，而不指向唯一該爲你的人生負起責任的那個人，亦即你自己。

現在，是時候落實負責的態度、做出讓人生脫胎換骨的改變、爲舊有的人際關係帶來新氣象，並對舊雨新知都敞開心扉，迎接親密的情誼。正念是你迎接這項挑戰的最佳盟友。時時注意自己的言行舉止和情緒起伏。當你和人起衝突或旁人對你不滿時，尤其更要提高警覺。把衝突當成一記警鐘，敲醒又陷入沉睡的自己。

## 擬訂具體的改變計畫

雖然「決心」是改變的關鍵，但這項艱鉅的挑戰光靠意志力是不夠的。抽象的決心不足以讓你活出不同的人生，你需要擬訂具體的計畫。

我在前面請你辨認過自己的被動式攻擊行爲，現在我要請你就這些行爲列出一份清單，並從中選出你最常有或對你和旁人來講最麻煩的幾個行爲。用紙本筆記簿或數位工具整理一張表格出來，針對每個行爲，描述事發背景和受它影響最深的人。表格看起來大概像這樣：

| 行為 | 背景 | 動機 | 受影響的人 |
|---|---|---|---|
| 遲到 | 公司裡的小組會議 | 開會讓我很焦慮。我畏懼競爭，我覺得自己的表現和別人比起來一定很糟糕。 | 主管和同事 |
| 虎頭蛇尾 | 小組報告——我不曾準時交出我分配到的部分。 | 我不確定怎麼做，又怕自己做得不夠好。如果可以先看看別人做了什麼，我做起來就會比較容易。 | 主管和同事 |

現在再列第二張表格，檢討你的動機，訂出一個新的目標，以克服令人反感的被動式攻擊行爲。一旦立定目標，就要勇往直前盡力做到。當我們需要減重時，我們往往會從嚴格的飲食規範開始，幫助我們習慣「少吃一點」的行爲。接下來，我們可能可以漸漸放寬標準，但我們需要嚴格的飲食規範將我們導向正軌。你的第二張表格看起來可能像這樣：

| 行為 | 檢討 | 新的目標 |
|---|---|---|
| 遲到 | 我怕開會，因為我覺得和別人相比會顯得我很糟糕，但遲到就是一種糟糕的表現。 | 開會前率先到場，趁別人集合時，藉由深呼吸讓自己冷靜下來，針對接下來要討論的主題整理一下思緒。 |

| | | |
|---|---|---|
| 虎頭蛇尾 | 我總是遲交，因為我想先看看別人做了什麼。落後別人一步讓我有安全感，但也顯得我做事沒效率，而且拖延了完成公事的進度。 | 下次一接到分配的任務就去找你的主管或資深同事，表明你下定決心準時交出報告，希望他們能在過程中給你一些指教，讓你確定自己交出的東西符合整體報告所需。另一個可能的做法是找人合作，如果有同事分配到的工作和你類似，不妨找對方一起合作。 |

以下再舉一例：

| 行為 | 背景 | 動機 | 受影響的人 |
|---|---|---|---|
| 自我防衛 | 我好像做了什麼讓旁人很失望的事。 | 我就像一座燈塔，總是在地平線上搜尋自己可能受到的批評。我怕身邊的人會生我的氣，甚至離我而去。 | 我的伴侶 |
| 找藉口 | 旁人問我為什麼做了或沒做某件他們要我做的事。 | 我不想惹他們生氣。我不懂自己為什麼受到怪罪。 | 我的伴侶和同事 |

說到這裡，我要提醒你想一想前面的節食比喻。自我防衛和自圓其說是被動式攻擊的主要特徵，所以我要請你採取恰恰相反的做法，直到你能在兩個相反的極端之間找到自信的平衡點，養成堅定果決的人格特質。

| 行為 | 檢討 | 新的目標 |
|---|---|---|
| 自我防衛 | 這裡的關鍵字是「好像」。旁人「好像」很失望、很生氣、或很不高興，所以我就：(1)假設他們真的不高興，(2)跳進壕溝準備作戰。 | 開誠布公負起責任。首先，你要確定旁人「真的」不高興。「我是不是做了什麼惹你不高興？」是一個好的起點，但你要真心想知道答案，並做好聽聽自己做了什麼的心理準備。如果你確實有問題，就要為自己負起責任。問問對方：「我要怎麼補償你？」「我要怎麼做才能改善？」 |
| 找藉口 | 我把所有過錯怪在別的地方，怎麼樣就是不把矛頭指向我自己。 | 我要再次請你採取恰恰相反的態度：「我明白我這裡做錯了。我要怎麼改正？」想想餵貓的那位鄰居。不要找藉口，而是正視自己的過錯說：「直到第一次踏進你家，我才知道我那麼怕貓（或對貓過敏）。我留了很多貓糧在外面，但我知道牠們搞得一團糟。真的很抱歉。」 |

最後，我們來看看兩個嚴重的溝通問題——模稜兩可和負面。

| 行為 | 背景 | 動機 | 受影響的人 |
| --- | --- | --- | --- |
| 模稜兩可 | 任何別人要我做選擇或做決定的情況。 | 我不知道自己要什麼。我的決定可能惹人不高興，或者讓我遭到批評、拒絕、排擠、遺棄。也說不定我到時候改變心意不想做了。我不敢許下承諾。我害怕為自己的選擇負責。 | 伴侶和朋友 |
| 負面 | 這就是我的世界觀。我很實際。 | 如果做最壞的打算，我就不會失望。我不想要抱著希望，免得希望落空而傷心難過。 | 每一個我認識的人 |

這兩種行爲都反映了看待人生的態度、應對進退的作風。它們可能是源自童年經驗，因爲在我們還小的時候，父母並不允許我們擁有眞正的選擇自由。即使父母詢問你的想法，他們也不是眞的想聽到你的答案，而是想從你口中聽到「他們的」答案。如果一直說不中，你可能就要一直猜來猜去，直到接近正確答案爲止。負面的問題甚至更嚴重，它會破壞你眼中看到的人生風景，陷你於永恆的黑暗之中。儘管如此，請別忘了你有改變的力量。

| 行為 | 檢討 | 新的目標 |
| --- | --- | --- |
| 模稜兩可 | 猶豫不決或許是我父母所獎勵的表現，但我看得出來這種表現為我現在的人際關係製造麻煩。我願為此負起責任。我也明白決定就等同承諾。旁人期待我表明要或不要，並且貫徹始終。這才是成年人應有的表現。 | 規定自己在短期內要當一個「總是做出決定」的人。如果有人邀你去吃晚餐，想清楚你對這個邀約的觀感，表明要去或不要去。如果有人問你意見，那就把你的意見提出來。不要閃爍其詞。「或許吧」、「都可以」和所有諸如此類的措辭，一律必須從你的字典裡刪除。 |
| 負面 | 負面是一種世界觀，這種世界觀並不切合實際。真實世界更為多元，並非只有悲觀的一面。別忘了，如果沒有甜甜圈，就沒有中間那個洞。那個洞沒有味道，也沒有營養。那個洞沒有價值可言。請開始把焦點放在甜甜圈上吧！ | 租金・凱瑞主演的電影《沒問題先生》（*Yes Man*）來看。這部電影是從英國作家丹尼・華勒斯（Danny Wallace）的書改編而來。主角發覺自己落入黑暗、負面的心態，決定在未來的一年內對所有送上門的機會都說「沒問題」。他有一些你可能不想步上後塵的冒險經歷，但整體而言，結果是正面的。<br>給自己一個不那麼極端的目標：每天對三個送上門的機會說「沒問題」，並且在日記中記錄下來，也記錄一下它們的結果。<br>每天晚上、一天不漏，在日記上寫五件當天發生在你身上的好事。沒有「對，可是……」。只看甜甜圈，不看那個洞。 |

## 想像一個新的你

每天每天，當我們回應周遭世界、在心裡對自己說話時，我們都在塑造自己的形象。如果你在被動式攻擊的模式下長大，你所描繪出來的樣貌可能不怎麼漂亮。你描述自己的方式可能會讓你覺得軟弱、猶豫或孤單。

你的人生是你的責任，而且你有力量改變自己和別人眼中的你，就從小地方做起——當你走在路上或在辦公室裡，讓你的臉上自然流露柔和的笑容，不是亮出牙齒咧嘴大笑，只需嘴角明顯上揚。你甚至可以鼓起臉頰、瞇起眼睛，看看周遭世界會有什麼改變。把這些改變寫在你的日記上，大家對你作何反應？你有什麼感覺？如果有人問你爲什麼在笑，就告訴對方說因爲你心情好。我打賭你一定會心情很好。

現在，讓我們深入內在。你想當一個什麼樣的人？尤其是想當什麼樣的伴侶？哪些特質會改善你的人際關係？請記得我們現在說的不是周遭旁人，而是「你」能怎麼改變自己，讓你和旁人的感情更好、關係更親近？你不必故步自封，困在舊有的模式裡。人在節食的時候，常會拿體態輕盈時拍下的照片激勵自己。你也可以如法炮製，以文字勾勒出你想成爲的那個人。

如果你困在被動式攻擊的處世態度裡，你可能很難看見自己的正面特質，所以，想想你欣賞的人。這個人可以是名人，也可以是歷史人物，但他們遠在天邊，我們對他們所知有限。不如反過來，看看就近在咫尺的人。以下有一些例子。

## 我欣賞家父的哪些地方？

- 他說話算話，從不違背承諾，就算我看得出來他很為難。
- 他善於傾聽。他會先聽我把話說完，再告訴我他的經驗是什麼。
- 他不告訴我該怎麼做，相反的，他協助我自己想辦法。
- 他對錢很謹慎，而且他總是先把錢花在別人身上，再用來照顧自己。

## 我欣賞我朋友菲菲的哪些地方？

- 她很幽默，而且她都拿自己開玩笑，而不是拿別人開玩笑。
- 一旦做好決定，她就勇往直前、不再回頭。
- 面臨危機時，她總是保持冷靜和理智，不會只是雙手一攤，而是找辦法解決問題。
- 她懂得保護自己。如果累了，她就在家休息。她懂得說「不」。

請注意，有些特質是和這個人有關，有些特質則和這個人如何與人互動有關。

練習21

# 列出你欣賞的特質，朝此目標邁進

1. 想幾個你欣賞的人，把他們的名字寫下來。
2. 針對他們每一個人，列出至少兩項正面特質。
3. 瀏覽你所列的清單，這些特質有沒有共同點？有沒有像是誠實、果決或慷慨之類的特質？
4. 現在，困難的部分來了。寫下至少兩項你自己的正面特質。如果寫不出來，你可以請身邊的伴侶或朋友幫忙，這也是從別人眼中看你自己的一個機會。
5. 列出你自己已經具備的正面特質，以及你在別人身上最欣賞的特質，以此建立一個人格典範。
6. 在一天的開始，看看這份正面特質清單，找尋成為這個人格典範的機會。
7. 在一天的結尾，再看看同一份清單，在日記裡寫下你展現了哪些特質。保持正面，肯定自己。

這個練習給你一個努力的目標、一幅理想中的人物形象，讓你看到自己會成爲什麼樣的人——用豐富人生和人際關係的特質與行爲模式來取代被動式攻擊，你就會成爲你想成爲的那個人。

別忘了，被動式攻擊是成長過程中因應周遭環境而養成的行爲模式。你不是生來就如此，也不必這樣過一輩子。重訪兒時歲月，找回受到傷害之前、還沒開始被動式攻擊的自己，對你可能有幫助。

練習22

## 找回你的本質

**1.** 用第三章的正念練習，把心錨定於當下，讓心思專注在此時此刻。

**2.** 回想十歲或十二歲時的自己。如果那是一段格外創痛的時期，想想你的人生相對穩定、但你大到可以思考未來的年紀。

**3.** 做白日夢時，你想像中的自己是什麼角色？你是海盜嗎？還是護士？老師？

消防員？探險家？想想和這些角色有關的特質。

**4.** 孩提時期的朋友和你之間的關係如何？大家玩在一起的時候，你的角色是什麼？你是出主意的那個人嗎？你是帶頭的領袖，還是心甘情願的追隨者？

**5.** 你最愛的遊戲是什麼？看書？運動？畫畫？聽音樂？

**6.** 想一段愉快的時光，發揮你的小說寫作技巧，鉅細靡遺地描述來龍去脈。你做了什麼？和誰在一起？你看起來是什麼樣子？你有什麼感覺？

**7.** 用這些答案勾勒出你童年時的自我形象，它是否具備什麼特質能改善你今天的人際關係？

在你的內心深處，有一個強大、善良、充滿愛的你。在重新開創人生的過程中，時時謹記那個你的形象會對你有幫助。把你的被動式攻擊行爲想成一件可以脫掉的大衣或外皮。是的，你披著這層外皮很久了，大家可能都習慣看你這個樣子了。但他們會很高興看到底下那個煥然一新、更有自信、心胸開闊的你，你自己看了也會很驚喜。

想看一眼這個新的你嗎？按照本章的練習，以文字勾勒出你想成爲的那個人。慢慢來。你要重新創造自己，那可是很重要的任務。更重要的是它會影響你人生的每一個層面，從身體面、情緒面到心智面，從職場上的公領域到個人的私領域。影響所及也包括和你接觸的每一個人。那是一場莫大的冒險，而你已經走在路上了。

# 8

# 不再姑息被動式攻擊

莫莉才二十五歲就嫁給四十歲的克里斯，克里斯是事業有成的音樂人。在短暫的交往期間，他們到處旅行、跑趴，享盡魚水之歡，她也見到好多只在電視和網路上看過的明星。年紀輕輕的莫莉嚮往光鮮亮麗的生活，克里斯帶來的一切令她目眩神迷。

儘管如此，她還是覺得他們結婚之後會穩定下來。有了寶寶的時候，她很高興，克里斯卻不開心。他堅持他們還沒準備好當爸爸媽媽，逕自爲她安排了墮胎。她不想這麼做，但克里斯大發雷霆，她只好乖乖聽話。有時她懷疑自己是不是嫁給了她父親——一個反對這樁婚事的威權人物。

接下來兩、三年，莫莉試著提過幾次家庭和孩子的話題，克里斯有時氣得大吼，有時就直接走掉。他和莫莉買了一棟房子，但他越來越常自己開車去旅行。他說這樣可以給她時間打理他們的家，而且也能省一些錢。當她的信用卡開始出問題，像是帳款超過最高額度或帳單過期未繳，她漸漸認清了眞相。

現在，莫莉也承認他們還沒準備好建立家庭。在財務規劃師的建議下，他們把房子賣了，搬回小公寓去住，用分期付款來繳帳單。在那之後，克里斯就不再去見財務規劃師，也拒絕把經濟大權交給莫莉。他們的債務還是越積越多，而且莫莉很確定有一些錢是花在古柯鹼上頭。她向親朋好友抱怨，但她不怪克里斯。她說有才華的人都這樣，藝術家的性格就是比較放蕩不羈，這條路是她自己選的，她心知肚明（或許不夠心知肚明），她必須和她選的男人過下去。

她努力保持樂觀，努力到已經超出合理的範圍。她會跟她母親說：「他下個月有個不錯的案子，到時我們就可以付清帳單。」但克里斯一拿到酬勞就會花掉。爲了維持他倆的生計，莫莉向她的親朋好友求助。當他們不再伸出援手，她就在當地一家店鋪找了銷售員的工作，賺點錢來支付房租、採買食物。克里斯假裝視而不見。

過了十二年，莫莉終於受夠了。她和克里斯離婚，不幸的是，按照法律，他們的債務有一半都算她的，而她接下來花了五年還清這些債務。

莫莉是很典型的幫凶。她因爲源自童年的恐懼而迴避衝突，結果反而加強了她想擺脫的行爲。有她這面盾牌，克里斯不必爲自己的行爲承擔後果，也就沒有動機要和她同心協力改變現況。

不是所有涉及被動式攻擊行爲的關係都會落得這種下場，但對受到被動式攻擊的那一方來講，就算不覺得自己快被逼瘋或快要情緒崩潰了，至少也會覺得總是摸不著頭腦。本書針對被動式攻擊行爲如何陷旁人於困惑之中談了很多，在第七章，我們則請被動式攻擊者爲他們造成的破壞負起責任，並採取一些能將他們身邊的人從災難邊緣挽救回來的措施。

沒有被動式攻擊者本人的參與，情況就不會有所改善，但要改善情況也不是全賴被動式攻擊者。不管是朋友、家人、伴侶，還是雇主和同事，與被動式攻擊者長期相處在一起的旁人，通常會讓他們童年的行爲模式浮上檯面，使得雙方的關係落入永無止境的被動式攻擊循環當中。在第八章，我們就要把重點放在成爲幫凶的周遭旁人。

就跟跳探戈需要雙人共舞的道理一樣，被動式攻擊的關係也需要兩個人一搭一唱。跳探戈的時候，兩位舞者的上半身貼在一起，某些舞步是兩人的腳要短暫交纏，但他們多半是各跳各的舞步，有時看起來幾乎像是要絆倒彼此。舞者往往目光低垂，注意力似乎都放在複雜的步法上。探戈是一種熱情的舞蹈，但緊繃的情緒似乎多過柔情蜜意。不分性別，被動式攻擊者是帶舞的探戈舞者，旁人純粹就是被他們帶著走。

在這一章，我們要來看看你在人際關係中成爲被動式攻擊幫凶的徵兆。透過辨識這些徵兆，你就能學著不再接受壞行爲，以終止惡性循環的方式互動，並保持開放的心胸，接納對方和你自己眞誠表達的憤怒。爲了讓被動式攻擊的探戈停下舞步，你需要轉換角色，讓自己成爲帶舞的舞者。接著，你必須學習一些新的舞步，並把新的舞步教給你的舞伴，如此一來，你們的探戈才能變得更和諧，也更有愛。

## 你是被動式攻擊關係中的幫凶嗎？

幫凶讓被動式攻擊者不必為自己的行為負責，以至於在無意間延續了被動式攻擊的循環。他們在應該開口時保持沉默，縱容不應容忍的行為，假「支持」之名為被動式攻擊者脫罪。他們會說：「他已經試著要改了。」或是：「如果我說什麼，她聽了只會很生氣。」他們是討好別人的奉承者，有時年復一年懷著船到橋頭自然直的希望。

### 幫凶的特徵

你可能不認為自己是幫凶。面對一個被動式攻擊者，你只是想在相處當中表現出支持、理解與耐心。或許在對方傷害你或令你失望時，你太輕易地放他一馬，但是你愛他，愛他不就是要接受他的樣子嗎？只要可以，你就會試著幫他一把，免得他的被動式攻擊行為惹出大麻煩。是的，絕大部分可能都是你在經營這段關係，但你只是想給對方時間和空間慢慢改變。只要你愛他，只要你努力經營你們的感情，總有一天他一定會改頭換面——至少你是這麼想的。

你看不見而本章要告訴你的是：你創造了一個讓被動式攻擊行爲「行得通」的世界。當你容許他不必爲自己的行爲承擔後果，就算老是遲到、說一套做一套，或者以其他本書描述的典型做法，迂迴地表達藏在心裡的憤怒，他都不必付出任何代價，那他爲什麼要改變呢？讓我們從不同的角度來看看你給他的「幫助」。

## 怕惹惱對方而迴避衝突

你可能自以爲在維持和諧融洽，但迴避衝突帶來了很高的代價。莫莉怕克里斯生氣而不願和他硬碰硬，於是她懷孕了就墮胎，又默默看著克里斯毀掉他們的經濟，因爲他不想負起家庭責任。在這本書裡，我們已經看到憤怒如何將情緒和界線受到侵犯的重要訊息傳遞給我們。現在，按照以下的檢查項目，看看你是否具有幫凶的特徵。

- 你很難挺身和對方對抗。
- 在你們家，和睦比誠實更重要。
- 對方用一些反過來指責你的說法，諸如「你不要我……」和「你總是……」，就能輕易操縱你。

- 一旦對方生氣，你就會退縮，不再談他／她的被動式攻擊行爲。
- 只要受到一點點的肯定或感激，你就火氣全消，願意接受被動式攻擊的行爲。
- 你很難對人說「不」。
- 你不會直接指出對方的被動式攻擊行爲，因爲你想避免內疚的感覺。

## 替對方的不當行爲承擔責任或轉移責任

拒絕爲自己的所作所爲負責，是被動式攻擊行爲的一大特徵。不管出了什麼問題，永遠都是別人（或這個世界）的錯，而幫凶欣然同意問題出在別人身上，無形中便成爲助長這種行爲的共犯。幫凶不去幫助被動式攻擊者承認自己有責任，反倒迫不及待把矛頭指向別人，甚至指向自己。或許，出於一種保護「自己人」的不當心態，幫凶樂於爲對方開脫。以莫莉爲例，克里斯不負責任的失控行爲和他的藝術家性格有關，而他無疑也很樂意接受這種說法。看看你能否從下列檢查項目中辨認出自己的特徵。

- 就算不是你的錯，你也連忙道歉。
- 你會把對方的行爲歸咎於自己。

- 你會把對方的問題歸咎於環境或其他人。
- 你隨時都準備好一堆藉口和說詞，如果有外人提出質疑，你就會用來捍衛你身邊的被動式攻擊者。
- 有時你爲對方找的藉口不具可信度。
- 在你們之間，因對方的行爲而導致的問題，你也歸咎於自己。
- 你覺得如果你某件事（或每一件事）能做得更好，對方的被動式攻擊行爲自然就會停止。

## 替對方的人生攬下責任

你可能只是想幫忙，但老是跟在對方後面替他擦屁股，只會讓他永遠學不會照顧自己。有些人會替粗心大意的夥伴攬下工作上的責任。有些人會代替伴侶照顧他的家人。莫莉向別人尋求經濟上的援助，最後自己去找了一份工作，但實際上是克里斯需要照顧好自己，盡他對這段婚姻的義務。是的，愛他就要照顧他，這一切都展現了你呵護這段感情的用心，但這種照顧用在嬰兒和孩童身上才是恰當的，用在應該照顧自己的成年人身上就用錯地方了。你的伴侶可能有一段辛苦的童年歲月，但那不代表你應該延續他們兒時待人處事的方式。以下這些特質聽起來是否很熟悉？

- 你把對方的需求看得比自己的需求重要。
- 你「解決」對方的問題，卻疏忽了自己的問題。
- 你幫對方脫身，讓他／她不必面對自己應該處理的狀況。
- 你拉朋友一起來幫你替對方收拾善後。
- 你會收拾對方的行爲導致的爛攤子，好讓你們雙方都不必承擔後果。
- 你覺得自己必須補償對方家人的不當之舉。

## 否認事實

你可能渾然不覺自己接受了對方的藉口或託詞，而就算你心知肚明好了，根據經驗，反正一切都不會改變。更有可能的是你一心只想維持這段關係，於是你拒絕看到任何顯得它岌岌可危的徵兆。你或許裝得了一時，但你很有可能因爲選擇接受這種對待，而拒絕看到日益加劇的憤怒。以下是最後的檢查項目。

- 你否認對方有被動式攻擊的行爲。
- 你否認在其他每個人眼裡都顯而易見的動機。
- 你看不見對方行爲的黑暗面。
- 你信任對方，即使他已經破壞了你的信任。
- 即使警訊顯而易見，你還是繼續任由自己受到被動式攻擊的傷害。

在上述這些項目裡，你打勾的可能不只一項。在同樣的反應背後也可能有不只一個原因。舉例而言，你之所以迴避衝突，可能是因爲你來自一個火爆的家庭，家裡經常起衝突，場面甚至會很暴力。又或者，你可能不惜一切代價，就是要維持這段關係。你可能是出於一種把自己視爲照顧者的不當心態，或者出於你對某件陳年往事的內疚，才會替對方的所作所爲攬下責任。現在，我們來看看幫凶的行爲在孩提時期是如何養成的。

## 家庭環境與幫凶行為的關聯

有許多的童年模式都可能養成幫凶的行爲，當然，最簡單的一種就是最直接的模式：如果父母雙方或其中一方是幫凶，那麼，這就是他們的孩子所看到的成人角色模範。孩子所生長的家庭，甚至可能就有一個幫凶和一個有被動式攻擊行爲的人。這下子，他們不只自己有了一個角色模範，而且還有了一組他們會在同伴身上尋求的特徵。

養成幫凶的家庭還有一些其他的特性，看看有哪些聽起來符合你的成長背景。

## 情感匱乏

情感匱乏的幫凶往往來自有裂痕或父母離異的家庭環境。又或者，他們的父母可能人在身邊，但卻感覺遙不可及。社交的自信和自尊，來自情感安全穩定的童年，這方面的匱乏使得他們的心靈格外脆弱，深怕受到拒絕或拋棄。只要能避免兒時的痛苦在現在的人際關係中重演，要他們做什麼都可以。

有些孩子學到替人開脫就是在對這個人好。如果父母讓你失望了，你不能對他們直說，因爲他們會生氣，於是你就合理化他們的行爲，爲他們找藉口。在這種環境下長大的人，只要不被拋棄，什麼都願意做。當他們落入一段對方有被動式攻擊傾向的關係中，他們就會表現出典型的幫凶行爲，因爲只要那個被動式攻擊者依賴他們、繼續和他們往來，他們就得到了某種程度的關愛和肯定。在他們心目中，有總好過沒有。

女同志安柏和蘿絲同居，蘿絲是一位精明幹練的會計師，兩人住在芝加哥。早在安柏出櫃之前，她的家人和朋友就待她像一個不可碰觸的禁忌。她一公開性向，家人就和她撇清關係。蘿絲是第一個和安柏同居的伴侶，她奮不顧身地想要維持這段感情。

安柏在一家書店上班，她熱愛這份工作，但她的酬勞很低。蘿絲在一家大型顧問公司上班，家裡的經濟主要仰賴蘿絲。蘿絲痛恨她的工作，她想當作家，但卻不朝這個目標採取具體的行動，而是用被動式攻擊的行為折磨她的老闆。她總說如果老闆開除她，她或許會去歐洲旅行一陣子。她從沒說過要不要帶安柏一起去。

安柏會替蘿絲找藉口，也會拿蘿絲在公司的自毀行爲開玩笑，她還幫蘿絲做過一些她帶回家的工作，甚至幫蘿絲送她「忘在家裡」的資料去辦公室。每當蘿絲提到旅行的話題，安柏就格外努力做出討好蘿絲的反應。她渴望得到蘿絲的認可。

## 童年受虐

火爆型的家庭經常大吼大叫或拳腳相向地表達憤怒，在這種家庭長大的人往往嗅到一點點衝突的跡象就會退縮。他們當慣了肢體和情緒暴力的發洩對象，成年後寧可接受一樣的對待，也不願爲自己挺身作戰。他們凡事以和爲貴，只要能息事寧人、防範擦槍走火，他們什麼都肯做，因爲他們受不了衝突。他們往往淪爲蒙受被動式攻擊者言語攻擊的沙包，容許被動式攻擊者侮辱、批評、藐視他們而不必付出任何代價。

路易士和卡爾當了十年「最好的朋友」。在他們的社交圈中，沒人能夠理解路易士爲什麼只是站在那裡，任憑卡爾對他百般侮辱，包括用一些種族歧視的字眼。卡爾是一個把憤怒藏在心裡的被動式攻擊者，而在路易士身上，他找到一個發洩怒火的完美箭靶。

## 承擔過重的責任

成長過程中，有些孩子的父母似乎期望他們當個小大人。幾乎是剛學會走路，他們就開始照顧父母和家裡。對這些孩子來講，愛是有條件的。視表現而定的愛使得他們自尊低落，覺得必須照顧每一個他們所接觸到的人。

專斷獨裁或完美主義的父母也會造成同樣的結果。在紀律嚴明的家庭裡，孩子往往很小就要做家事，但這種教養方式沒有教他們負責任，而是在無形中告訴他們：在別人的人生中，他們扮演的是純屬工具的角色。唯有表現良好，他們才會有人愛。長大成人之後，他們就成爲收拾爛攤子的人。他們負責撿起丟了一地的髒衣服。他們每天晚上負責洗碗。當被動式攻擊的工作夥伴剛好「忘記」有客戶要來，他們就負責在最後一刻把一切準備妥當。

諾拉和高中初戀對象結婚已近三十年，兩人的婚姻幸福美滿。諾拉的母親寇妮離過四次婚，她對諾拉的父親積了滿腔的怨氣。眼見諾拉的婚姻經營得很成功，寇妮就用一些搞破壞的小動作表達心裡的憤怒。寇妮會臨時變更和諾拉一家人的約定，也會三更半夜驚慌失措地打電話來，要諾拉幫忙挑生日禮物。她還會「不小心」把東西落在諾拉家，心裡知道諾拉會丟下一切，開一小時車送她的粉餅盒、梳子或電話簿過來。諾拉不想再容忍她母親，但她沒辦法。從很久以前，「討好」和「照顧」就是她和人互動的模式，她擺脫不了這種習慣。

## 被操弄的罪惡感

有些幫凶成長的家庭環境會利用人的罪惡感，藉由讓人內疚來達到自己的目的。

「你爸和我工作得這麼辛苦，你才有玩具可玩。你以爲我們高興嗎？」

「你和朋友在外面玩的時候，我就在家幫你打掃房間、燙衣服，心想你回家已經太累，做不了這些事了。」

那份罪惡感一直延續到長大成人，本來或許只是對父母懷有這種內疚，但後來就變成幫凶身上吸引被動式攻擊者的一項特質。當幫凶要被動式攻擊者負起責任時，被動式攻擊者就以「瞧你害我多難受」或「你就是不想看到我快樂」之類的回應作爲反擊，這些操弄的伎倆激起內疚的感受，幫凶就再次縱容對方的行爲。久而久之，幫凶知道正面衝突的結果只是讓自己內疚，於是就不再說些什麼了。

## 幫凶得到什麼

幫凶可能覺得被動式攻擊的關係滿足了他們個人的需求，畢竟在成長過程中，他們已學會用不健康的方式來處理他們的需求。當你繼續留在被動式攻擊的循環中，你不只是在助長對方的行爲，也是在滿足你自己的需求，但這種滿足方式其實可能限制了你的成長和幸福。建議你回顧一下第二章和第三章，以你自己爲主，看看你在過去有沒有什麼待人處事的方式，如今並不符合一個成年人的需求。

麗莎是洛杉磯一位知名生意人及慈善家的女兒，她父親總是在工作和出差，所以她很習慣他不在。父親是在外奔波的明星，而她負責顧家。從媽媽到兄弟姊妹，乃至於家裡的傭人，一律由麗莎安排打點。後來她嫁給一個英俊瀟灑的職業運動家，她老公酗酒、嗑藥，而且賽季時也總是不在家。

小時候，麗莎就習慣爲不在家的男人當後盾。在她的婚姻裡，吸毒的老公就扮演了這種角色。對她來講，有人在身邊給她愛與溫暖不是常態。事實上，她老公出遠門時，她就邀她的姊妹淘來家裡住。這位姊妹淘也是毒蟲，她代替了她老公的角色，讓麗莎可以繼續當一個幫凶。

誠然，麗莎的幫凶行爲是在滿足她自己的需求：她想成爲某個人不可或缺的依靠。與此同時，她並沒有得到正常成年人需要的情感、分享與支持。

我鼓勵你仔細檢視你的人際關係，看看你是否在當被動式攻擊者的幫凶。若是如此，你應該要問自己幾個困難的問題：

- 我想從幫凶的角色中得到什麼情感上的滿足？
- 我是怎麼學會用這種方式處理我的需求的？
- 這種方式對我的人生來講健康嗎？
- 如果用更健康的方式處理潛在的需求，我會不會過得比較好？
- 我身邊的人會不會過得比較好？
- 我要怎麼做，才能以健康的方式滿足自身的情感需求？

舉例而言，多數人都有照顧他人的需求——或許是幫助別人解決問題，或許是爲別人帶來幸福快樂。然而，情緒健康的人明白他們也要照顧自己的需求，而一段健康的關係應該要能爲雙方都提供支持。他們彼此尊重對方照顧自己的權利和能力。

第一章到第四章的素材能幫助你評估自身的情緒、需求和界線，做此評估則有助於了解你爲什麼會成爲被動式攻擊者的幫凶。如果學會解除幫凶模式，你就能爲兩人間的溝通奠定堅實的基礎，並協助對方掙脫被動式攻擊的惡性循環。事實上，當被動式攻擊者的幫凶並不是在滿足你的需求，而是在妨礙你以健康的方式體察自己的情緒。

## 幫凶失去什麼

到了最後，你不得不放棄。你得出自己做什麼、說什麼都改變不了對方的結論。你之所以留下來，只因離開看起來是更糟的選擇。

你累積了滿腔怒火。你告訴自己：都是對方「把你變成」幫凶。積壓在你心裡的怒火，可能會以被動式攻擊的行爲宣洩出來，跟對方的行爲兩相呼應。

一旦發展到這種地步，這段關係就注定要失敗了。如果你認爲所謂的關係是兩人之間愛的連結，建立在關愛的舉動和坦誠的溝通之上，那麼這段關係就「已經」失敗了。你所擁有的關係完全是另一回事。

對幫凶而言，引爆點可能只是微不足道的小事。你忍了又忍、原諒了又原諒、一再爲對方開脫，突然間，一個小小的舉動或字眼就壓垮了一切。你從「沒關係」瞬間切換到「你等我律師的消息」。如果你早個五年、兩年或甚至一年把話說開，好好處理問題，你們可能還有別的選擇。但事到如今，病患已經無藥可醫了。你積了滿腔的怨恨，一心只想放棄。你寧可毀掉一切，也不想面對你在兩人的問題中扮演的角色。

你的人際關係不必落得如此下場。它還有救，但你必須現在開始行動。

## 認清你所扮演的「旁人」角色

無論你們的關係在你看來如何，被動式攻擊者是雙人探戈中帶舞的那個人。你可能會覺得你是照顧他、為他收拾善後的人，但為這段關係定調的則是他。想想看吧，他帶舞，你跟著起舞。獲得滿足的是他的需求，而不是你的需求。

誠然，除非他開始為自己負責，否則你們的關係不會改變。但只要你的幫凶行為讓他沒有改變的動機，他就不可能學著為自己負責。在第七章，我們致力於幫助被動式攻擊者重新定義自己，並以成為新的自己為方向，設下新的個人目標。現在，你需要重新定義你在這段關係中的恰當角色，以及你能期望從中得到什麼。

新的舞步將讓你和對方更親近，突破舊舞步並學習新舞步需要下苦功，為了做好準備，你還需要採取一些步驟。

## 認清助長被動式攻擊的盲點

既然買了這本書，也讀了這本書，你就已經踏出很重要的第一步了。在本書的八個章節中，你已經學到童年的發展如何帶你們雙方來到現在的十字路口。你已經看到如何讓憤怒和衝突在你的人生中發揮恰如其分、正面良好的作用。你也已經學到有助破除被動式攻擊魔咒的溝通法和互動方式。

重溫第三章的正念練習，你或許就能認清你人際關係中的盲點。這些盲點是你持續否認、一再爲對方開脫或自己攬下責任的被動式攻擊行爲。這些盲點是你容忍、合理化或視若無睹的言行舉止。讓你看不見也不處理被動式攻擊行爲的恐懼就是你的盲點。

情緒會引發身體的知覺感受，盲點往往會透過這些知覺感受暴露出來。當旁人做了什麼事讓你很生氣，但你不明白自己爲什麼生氣時，那就表示這當中可能存在什麼盲點。有盲點的人往往還沒爲自己建立清楚明確的身體和情緒界線，所以他們不知道自己該對什麼覺得生氣或受傷。他們往往認爲自己的思緒或情緒「不好」。情緒沒什麼不好。情緒就是情緒。如果沒有加以體會並釋放，這些情緒就會造成問題。這就是爲什麼認清你的盲點很重要，如果你想擺脫幫凶身分的話。

練習23

## 認清你的盲點

1. 用第三章所述的正念技巧，找一個能安靜獨處十五到二十分鐘的地方。

2. 回想過去一、兩天你和旁人的互動情況。你的身體是否在你想到某一件事時有反應？在你腦海裡，有沒有哪一件事特別突出？

3. 仔細回想來龍去脈，專注在你對那件事的回應方式上。你是否表現出本章提及的幫凶行為了？

 - 你沒做錯事，卻向對方道歉？
 - 面臨衝突時連忙退縮？
 - 為對方的行為編造不實的藉口？
 - 不管對方遇到什麼問題，你都提議由你來解決？

4. 靜靜坐著，體會你的感受，看看腦海浮現什麼念頭。在同樣的情況中，你還有什麼其他可能的回應方式？

5. 你為什麼是那樣回應？

探究自己在被動式攻擊的探戈中所扮演的角色時，經常重溫此一練習會有幫助。

## 放下不健康的依戀

我們對「依戀」一詞往往抱有正面的想法。「依戀」讓我們想到的是喜歡一個人、享受那人的陪伴、爲那人分憂解勞、即使分隔兩地也心意相通等等正常的感受。這些都是正面、良好的感受，能爲我們的人際關係帶來健康、甜美的果實。然而，有些依戀太過度，而且不健康。在被動式攻擊的探戈中，在幫凶身上就常常看到依戀對方的痕跡。

情緒上依賴別人是不健康的。在一段良好的關係中，彼此應有程度對等的互相依賴：

- 我低潮時依賴你的安慰，相對的，你低潮時我也在你身邊。
- 我喜歡和你在一起，但當你不在身邊，我也可以自得其樂。
- 我想帶給你幸福快樂，而我知道你也想讓我幸福快樂。
- 我們兩個合起來是天作之合，但分開來也各自是快樂、獨立的個體。

請注意，這些陳述多半都是雙方面的。我付出，但我知道你會回報我的付出。這在被動式攻擊的關係裡是很罕見的情況，幫凶的付出尤其是單方面的。儘管被動式攻擊者也對繼續這段關係有貢獻，但幫凶寧可付出任何代價，也不願面對一拍兩散的可能。

這是不健康的。設法滿足自身需求乃人之常情；這種自我犧牲不是愛。

過度投入別人的需求與感受是另一個警訊。同伴之間爲彼此分憂解勞是正常的，但除非情況危急，否則每個人都應該回到自己的問題上。如果我的同伴得了癌症要開刀，我可能很難專心做我的工作。如果我的同伴擔心某位客戶的要求，我可以聽她傾訴、表示我懂她的心情，接著就回去處理我自己的工作。如果我的同伴在想晚餐要吃什麼，我可以提出建議，也可以只是溫柔地笑一笑，讓她自己去傷腦筋。

請注意，這些反應顯示出對同伴的尊重——我尊重我的同伴迎接人生挑戰的能力。我的同伴可能比我清楚她晚餐想吃什麼，而我知道她能勝任她的工作，她會爲自己的難題想出一套辦法。針對癌症的診斷，我明白她面臨令人無所適從的選擇和艱難的治療過程，我想盡我所能陪伴她走過「她的」危機，但我知道那不是「我的」危機。

在依戀情結作祟之下，幫凶過度投入自己的心力到被動式攻擊的同伴身上，對方人生中的大小事都成爲幫凶的事。幫凶甚至會注意可能出事的潛在徵兆，在還沒發生問題之前就爲對方找藉口和理由。

拯救同伴的行爲自然而然隨之而來。如果我擔心每一件發生在我同伴身上的大小事，我自然會衝上前去（甚至不請自來），替對方攬下責任、解決問題。在正常的人際關係中，同伴之間會尋求彼此的建議，但他們明白當事人要負責做出令自己滿意的決定。旁人或許會伸出援手，甚至鼎力相助，但他們不會介入當事人的人生、替當事人過活。他們尊重他們的同伴，而他們的同伴贏得了這份尊重。

## 養成健康的依戀

「疏離」一詞給人的聯想，往往像《星艦迷航記》（Star Trek）中的角色史巴克般的淡漠無感、全憑理性。確實，理性讓我們從情感中抽離出來，但發揮理性不代表就沒有感性的空間。我要給你的建議，不是在「不健康的依戀」和「完全沒有依戀」之間二選一。我要提出的是一個對你和周遭旁人都更健康的折衷之道。

我所提議的那種疏離，是我們出於愛而將自己從同伴身邊抽離開來，尊重他們的權利和能力，讓他們爲自己的人生作主。我們對他們放手，給他們呼吸的空間。這代表我們明白自己不可能眞正代替他們解決問題。我們只能遞上ok繃和止痛藥。即使是在最親密的人際關係當中，我們都需要顧好自己的責任，也讓同伴顧好他們的責任。永遠懷著愛與同理心，但不插手干涉。

公司裡沒人能夠理解茱蒂爲什麼對賈森那麼寬容。茱蒂是聖路易市一家設計公司的老闆，賈森則是一家全國連鎖零售商的主要聯絡窗口，這家零售商是他們最大的客戶。在他們看來，賈森太誇張了。他總在最後一刻改變主意，不願爲多費的工付錢，和茱蒂的員工接洽時表現得不尊重又不專業。他讓公司裡每個人的日子都很難過。

茱蒂跟他們說，賈森基本上是個好人，他只是想督促大家拿出最好的表現。她沒說的是，賈森大學時和她最好的朋友交往，他倆分手之後，他曾短暫休學，因爲他受到的打擊太大。他常找茱蒂訴苦，殊不知是她慫恿好友甩了他。爲了彌補他（她自認是在彌補他），她幫他填了復學表格，還幫他付了註冊費。

然而，他的分數不夠高，進不了法學院。結果他拿了個商學學位，後來就到零售公司，從基層往上爬。但據她聽到的傳聞，一路上他得到許多幫助。爲他的壞脾氣和沒禮貌開脫是她幫助他的方式。基於幫助他的渴望，也基於她對過去發生的事不當的內疚感，她要自己的員工別跟他計較。

茱蒂自認在幫忙，但她的幫忙其實對賈森沒好處。相反的，他踏上了一條很可能以災難收場的道路。賈森遲早必須爲自己的人生負起責任。茱蒂要員工接受他們不該接受的行爲，因爲她對賈森的遭遇懷著不合理的罪惡感，畢竟是她的好友甩了賈森。

## 從被動式攻擊者那裡拿回掌控權

爲了給你們的關係一個延續下去的機會，而且延續的方式能讓你們雙方的人生都獲得改善，你需要改變舞步。在嘗試這個部分之前，請確保你已經給了本章前面的部分足夠的時間：認識自己的行爲，了解自己是如何成爲被動式攻擊的幫凶。你要打下穩固的基礎，才能達成接下來的目標，不要給你的前置作業打折扣。

## 學習如實表達情緒

經過本章前面的練習，你已經辨認出在你們的關係中特有的一些溝通問題。對接下來的互動而言，這是你的前置作業。你知道接下來會發生什麼情況，而且現在你可以更有效地處理了。在這個步驟，最重要的或許是學會在你生氣或不高興時如何反應。

**1.** 停下動作，默數到十五，深呼吸幾下淨化思緒，直到冷靜下來之前都不要說話，但不要離開現場。

**2.** 以牙還牙、冷嘲熱諷或批評挑剔都無濟於事。

**3.** 我們學過憤怒和它對人生的價值與建設性，切記你已經學到的東西。

**4.** 如果還是冷靜不下來，告訴那位被動式攻擊的同伴說你很不高興，你需要時間整理情緒。

**5.** 整理好之後，告訴對方這件事為什麼讓你不高興。

**6.** 用第一人稱敘述法。如果你說：「你不講道理。」對方可以否認。但如果你說：「我覺得你說的話對我造成很大的壓力，這就是我為什麼會不高興。」你就不會激起否認的反應了。

面對被動式攻擊者的一大挑戰，在於誠實指出他們的行為，卻不激起防衛和否認的反應。多數時候，他們是眞的不明白你為什麼生氣或不高興。

為了達成有效的溝通，你需要降低他們對衝突的恐懼與憂慮，跟他們吵無濟於事。當你開始改變舞步，轉換成帶舞的角色，你的舞伴可能會很訝異也很抗拒。被動式攻擊是他的舒適圈，他可能無法理解這種改變。有個辦法是在執行之前先談談你預備要做的改變，比方你可以跟對方說：

我們的關係中存在著被動式攻擊的問題，讀了這本書，我體認到自己是如何成爲這個問題的幫凶。我要爲自己助紂爲虐的行爲負起責任。我已經明白自己爲什麼會以錯誤的方式回應你，現在我要盡我所能改變情況，就讓一切到此爲止。我很重視我們的關係。我不想離你而去，但我希望我們能比以前更親近。我想，開誠布公的溝通是一個好的開始。

複習第五章和第六章，參照這兩章的指示，進行堅定果決的溝通，並找到解決衝突的方案。用第一人稱敘述法來指出對方的行爲如何影響你、家人、朋友和同事，這麼做可避免流於指責或羞辱對方。你不是在怪他，而是在給他一個培力的機會，讓他看到自己的言行舉止造成什麼影響，並朝改變的方向邁進。

## 堅持你的底線

在第四章，我們討論過界線和極限。界線勾勒出你覺得舒適的範圍，極限則告訴其他人你的最大限度到哪裡。要知道行動比空談更重要，注意你的同伴是否言行不一致。爲了改善你們的關係，你不只要處理對方的否認心態，也要處理你自己的否認心態。你需要給對方清楚的指示，表明未來你期望受到何種對待。每當你的界線受到侵犯，就向對方指出來，並且不接受任何藉口。

## 對改變給予肯定

人在肯定自己時會比否定自己時做得更好，有被動式攻擊行爲的人尤其如此，因爲他們對批評格外敏感。他們受到的正面肯定可能不多，而正面的肯定是幫助他們改變的辦法。雖然你在對方越界時必須提出來，但如果一直著重在他們做不好的地方，可能會導致他們喪失對成長或改變的希望。

著重於做得好的地方，則能給對方一種可以克服眼前困境的希望。成功的感覺能培養自信和自尊，而對於設法要擺脫被動式攻擊習慣的人來講，自信和自尊是很重要的特質。所以當對方尊重你的底線，或以堅定果決的談話方式誠實說出他的感受時，你務必也要記下這些情況。

表示「認同」好過給予「讚美」。認同能帶來正面的感受，並爲你想看到的行爲形成一股支持的力量。認同是具體肯定對方做得好的地方，例如：「關於這週末的計畫，我覺得我們的討論很成功。我們雙方都很誠實，而且達成了彼此都很滿意的結論。」

讚美則比較空泛，所以不會加強特定的行爲，反倒會養成被動式攻擊者對讚美的依賴。認同著重於正面的行爲，爲對方帶來自我滿足感，鼓勵對方繼續做出一樣的表現。讚美則誘導對方來討好你，而不是爲了成就感去做到某件事情。

## 採取行動，改寫結局

莫莉和克里斯這段婚姻的結局，對他們兩人來說都是損失慘重。除了一起揹債，雙方更虛擲了十二年的歲月。他們本來可以用這十二年來改善兩人的情緒健康。莫莉也錯失了十二年生兒育女的時光，沒能建立她本來可以建立的家庭。這種結果並非不可避免。

如果莫莉採取行動，打破這段關係的被動式攻擊循環，她就有兩條可能的出路。比較差的一條路是她認清現實、早點抽身，給自己一個新的開始，去追求新的感情。比較好的一條路則是她和克里斯同心協力，把一開始輝煌燦爛的戀情變成踏實穩定的關係，以健全的人格，滿足彼此的需求，兩個人一起成長。

儘管有許多挑戰，你的感情還是能有圓滿的結局。法寶握在你手裡。光是在讀這本書就說明你有改變的態度。現在，你要做的只是跨出第一步。

# 結語

從第一章讀到第八章，現在，你手裡握有八把金鑰，它們能幫助你將被動式攻擊從你的人生和人際關係中趕出去。每一把金鑰都開啓一扇門，讓你對自己的感受和回應他人的方式有全新的眼界。

| | |
|---|---|
| 金鑰一 | 正視你的憤怒，把它當成你的盟友。憤怒是傳達訊息的使者，讓你知道你的界線遭到侵犯，或你的需求沒有得到滿足。 |
| 金鑰二 | 重新連結你的情緒和思緒，區分事實與童年形成的迷思，後者可能限制了你和你的人際關係。 |
| 金鑰三 | 傾聽身體的聲音，運用正念的技巧，覺察身體的知覺感受和內心的情緒起伏。 |
| 金鑰四 | 為身體和情緒設下健康的界線，如此一來，你才能建立對自己的身分認同感，並要求別人尊重你的界線。 |

| | |
|---|---|
| 金鑰五 | 堅定果決的溝通，一方面讓別人知道你的感受和需求，一方面也讓你更充分地了解並尊重別人的需求與界線。 |
| 金鑰六 | 重新看待衝突。要知道衝突就像憤怒一樣，是解決歧見、拉近距離的好用工具。 |
| 金鑰七 | 將正念運用到人際互動上，為自己負起責任，以正念的處世之道，迎向被動式攻擊的挑戰。 |
| 金鑰八 | 不再當隨之起舞的幫凶，認清導致你成為被動式攻擊共犯的特質，學習不同的舞步。 |

一想到八把金鑰，我們眼前就不禁浮現一道又一道的門。我們拿起鑰匙打開門，穿過一個又一個房間，向某個神奇的目的地邁進。事實上，依情況而定，你會在各個房間來回穿梭。舉例而言，在解決衝突（金鑰六）中途，你可能需要回到金鑰三的正念基礎練習，集中你的注意力，親近你的情緒。而你體認到的情緒如果是憤怒，那麼回到金鑰一可能對你有幫助。

在本書的前言，我們看到了莎拉和湯姆的例子。現在，我們就來看看這八把金鑰能爲他們的關係帶來什麼改變。湯姆過去就習慣被動式攻擊，他也把這種行爲帶到他們的婚姻當中，選擇避免衝突，而不表明他對莎拉越來越忙於工作的不滿。相對的，莎拉越來越挫折，她不再試著直接處理他們的問題，反倒也跟著採取被動式攻擊的行爲模式。你或許還記得，莎拉滿懷期待回到家，一心想和老公去度週末，結果卻發現他跑去找朋友了。湯姆很晚才回家。

最後，晚上十一點左右，湯姆若無其事、悠哉悠哉地回到家裡。莎拉誠實地說出她的感受。

「我本來希望今晚就能出發去山上度假。我很期待和你共度兩人時光。」

「是啊，最近我們可沒共度多少兩人時光。」湯姆說完後，意識到自己冷嘲熱諷的語氣，他深呼吸幾口氣冷靜一下，改口說：「對不起，我讓你失望了。」

莎拉聽出他語氣的轉變。「你自己不覺得失望嗎？」

對湯姆來說，這是一個很難回答的問題，因爲他怕莎拉聽了實話會不高興。他說：「還好欸，畢竟我們住不起……應該說『我』住不起那麼豪華的度假村。我知道你賺的比較多，可是……」

莎拉聽出他的言外之意了。「我想送你一個特別的假期，彌補我忙於加班不能待在家的時間。而且，我想去一個安靜的地方，讓我們可以好好談談心。」

湯姆笑了。「這裡就很安靜啊。」
「我們需要聊一聊。」莎拉說：「我再也不知道你在想什麼了。」
「我以爲你忙到不在乎我想什麼。」
她搖搖頭。「沒這回事。現在很晚了。我們明天早上聊聊吧。」

第二天，他們著手解決衝突，結果令人驚喜。

莎拉：我不滿意現在這種生活。我喜歡工作，但這份工作占用太多我的時間和精力。我們要是不缺錢就好了。
湯姆：看來你想換工作，但你擔心我們錢不夠用。我也有工作啊，如果我們坐下來，檢視一下我們的開銷，或許就能找到即使你的收入減少、我們也過得去的辦法。
莎拉：意思是你願意降低我們的日常開銷？我要是收入減少，我們搞不好得把這房子賣了。
湯姆：我們當初買這房子是爲了建立一個家庭，生兒育女也是我們結婚時想達成的目標之一。看來現在我們有了房子，卻沒有更接近目標，反而越走越偏了。

莎拉：聽起來你對我們還沒生孩子很失望。我也一直在想這件事。我的年紀越來越大了。或許是時候檢視一下我們的目標了。

當然，只談個一、兩次是無法改變你們的互動模式的。被動式攻擊和幫凶行爲都是源自童年根深柢固的習慣，儘管如此，這些習慣是戒得掉的。不妨把它們想成一雙舊鞋，穿慣了的舊鞋或許很舒適，但如果已經不合腳，穿起來可就難過了。它們會壓迫你的腳趾頭，迫使你以全身緊繃的方式走路。要把正念變成你的自動預設模式是需要時間和努力的。

在你設法要降低對被動式攻擊行爲和幫凶反應的依賴時，正念是一個有許多用途的工具。發揮正念時，你就能放慢自己的反應，和眼前的情況拉開一段距離，探索自己眞正的感受，而不落入被動式攻擊的循環。除了覺察自己眞正的感受，正念也能幫助你更有效地聆聽旁人想告訴你的訊息。

是時候把舊鞋收到櫥櫃深處，換上新鞋踏上新的人生旅途了。這不是一蹴可幾之事，改變行事風格需要日復一日時時注意，直到養成自然而然的習慣爲止。以下五個不可或缺的基本步驟是改變的起點：

1. 認清你的被動式攻擊或幫凶行爲已經成爲本能反應的事實。它們是你在童年養成的應對方式，如今則已成爲你根深柢固的一部分。
2. 爲你自己的所作所爲和所思所感負起責任。
3. 列出最常受到你的被動式攻擊或幫凶行爲危害的人，如果他們已不再是你人生中的一部分，而且你已不會再對他們構成危害，那就寫封信給他們，告訴他們你明白自己做了什麼，並爲你造成的痛苦致上歉意。
4. 至於依舊和你有所往來的人，你則要向他們承認你的被動式攻擊行爲，並請他們幫你一起停止這種互動方式。
5. 誠實而詳細地列出你最常出現的被動式攻擊或幫凶行爲，觀察這些行爲的警訊，把結果寫在你的日記裡。

一旦打好這個基礎，以下是一些能讓你堅持下去的好習慣：

1. 養成練習正念的習慣。找一個你能安靜獨處的地方，每天至少練習十五分鐘。

2. 過程中，一一回顧過去一整天發生的事情，以及你和別人互動的情況，看看有沒有你不想要但很常有的行爲。把你的發現記錄在日記上。

3. 如果你發現自己一整天都能直接表達自我，那就犒賞自己一下。

4. 如果你一整天都能懷著同理心傾聽別人，並理解他們的想法，那就犒賞自己一下。

5. 如果你漏掉了某一天的正念練習，那就額外再補練一次，讓自己重新回到軌道上。要知道漏掉不是問題，就此放棄才是問題。

6. 用第一章到第四章的練習，對藏在心裡的憤怒、非理性的恐懼、負面的想法、迷思和界線保持覺察。

7. 和你的同伴一起，本著同理心，用堅定果決的溝通法，每週檢討一次，找出做得好和做不好的地方。解決懸而未決的衝突，偶爾舉行一個重新立誓的儀式，重振你們對克服被動式攻擊和幫凶行爲的決心。

被動式攻擊是很難打破的循環，尤其是在幫凶的一搭一唱之下，但你可以掙脫它的束縛，朝相互支持和更契合的關係邁進。本書提供了方法，而你可以找到向前走的意志、勇氣與熱情。要不了多久，你就能得到自我價值感提升和人際關係改善的回報，並從這些回報當中得到鼓勵。在你人生中的各種人際關係都會獲得改善，尤其是和你所選擇的伴侶。

祝福你得到最好的結果——因爲你值得！

# 致謝

在本書成形的過程中，特別感謝以下諸位所扮演的重要角色，我對每一位都很感激。

芭貝特・羅斯柴爾德（Babette Rothschild）對我在憤怒管理領域的作品予以肯定，並邀我參與她這個富有開創性的書系。沒有她，就沒有這本書。

布琪絲・諾葛蘭（Brookes Nohlgren）是我在這個計畫當中的好夥伴，這位無價的夥伴眞的懂我，她能將我的故事、筆記、觀察、趣聞和知識化爲廣泛涵蓋各層面的改進和蛻變工具。

給我支持與指教的諾頓專業書籍（Norton Professional Books）主編黛博拉・馬穆德（Deborah Malmud）。

盡心盡力的菲・賀芙（Fay Hove），她的善良和看法都讓我們有很棒的合作關係。

在個人、專業和心智各方面助我成長的同事和朋友（兩者多所交集），他們的支持、見解與熱情一直是我前進的動力。

才華洋溢、心胸開放的柯特・巴提斯特（Curt Batiste），挑戰我、開拓我的視野，並在我最需要時安撫我焦慮的情緒。

榮恩・帕斯（Ron Poze），一切的起點！

派特・奧頓（Pat Ogden）教我身心合一可讓我的作品改觀，並鼓勵我勇於嘗試。

最後，最感謝的還是我的家人，若是沒有他們，我對被動式攻擊不會有切身的體會。

國家圖書館出版品預行編目（CIP）資料

你不爽，為什麼不明說？：腹黑、酸言、擺爛，好人面具下的「被動式攻擊」/ 安卓雅．布蘭特 (Andrea Brandt) 著；祁怡瑋譯. -- 二版. -- 新北市：橡實文化出版：大雁出版基地發行, 2024.01
面； 公分
譯自：8 keys to eliminating passive-aggressiveness
ISBN 978-626-7313-77-0（平裝）

1.CST：人際關係　2.CST：憤怒

177.3　　112019728

BC1064R

# 你不爽，爲什麼不明說？
## 腹黑、酸言、擺爛，好人面具下的「被動式攻擊」
8 Keys to Eliminating Passive-Aggressiveness

作　　者　安卓雅．布蘭特博士（Andrea Brandt, PhD, MFT）
譯　　者　祁怡瑋
責任編輯　田哲榮
協力編輯　劉芸蓁
封面設計　柳佳璋
內頁構成　歐陽碧智
校　　對　蔡昊恩

發 行 人　蘇拾平
總 編 輯　于芝峰
副總編輯　田哲榮
業務發行　王綬晨、邱紹溢、劉文雅
行銷企劃　陳詩婷
出　　版　橡實文化 ACORN Publishing
地址：231030 新北市新店區北新路三段 207-3 號 5 樓
電話：02-8913-1005　傳眞：02-8913-1056
網址：www.acornbooks.com.tw
E-mail 信箱：acorn@andbooks.com.tw
發　　行　大雁出版基地
地址：231030 新北市新店區北新路三段 207-3 號 5 樓
電話：02-8913-1005　傳眞：02-8913-1056
讀者服務信箱：andbooks@andbooks.com.tw
劃撥帳號：19983379　戶名：大雁文化事業股份有限公司

印　　刷　中原造像股份有限公司
二版一刷　2024 年 1 月

定　　價　450 元
I S B N　978-626-7313-77-0